90 FRASES

E REFLEXÕES PARA EMPREENDEDORES

JOHN GLAUBER

Sobre o Autor

 John Glauber, aos 36 anos, é um profissional que traz consigo uma vasta experiência e um profundo comprometimento com a área da saúde. Como orgulhoso pai de Elias, de 3 anos, ele encontrou na administração e na gestão hospitalar sua verdadeira paixão.

Graduado em Administração de Empresas, com pós-graduação em Gestão Hospitalar e MBA em Business Intelligence, John iniciou sua jornada profissional aos 16 anos como recepcionista em um hospital. Ao longo de duas décadas dedicadas ao setor de saúde, ele destacou-se por sua visão inovadora e pelo uso estratégico da tecnologia para automatizar processos e melhorar a eficiência operacional.

A fusão de sua paixão pela tecnologia com sua expertise em administração culminou na fundação da RJ Company, ao lado de seu pai, Raimundo Madeira. A missão da empresa é auxiliar micro e pequenas empresas a alcançarem uma gestão eficiente, promovendo o uso inteligente da tecnologia como uma ferramenta essencial nesse processo.

Com uma trajetória marcada pelo compromisso com a excelência e pela busca incessante por soluções inovadoras, John Glauber procura ser uma figura inspiradora no campo da administração e da tecnologia aplicada à saúde e aos negócios em geral.

Introdução

Bem-vindo ao mundo das grandes ideias expressas em poucas palavras, ao universo das inspirações compactas que impulsionam os sonhos empreendedores. Este ebook foi cuidadosamente elaborado para oferecer a você, empreendedor ávido por conhecimento e motivação, um conjunto de 90 frases e reflexões que irão transformar sua visão sobre os desafios e oportunidades do mundo dos negócios.

Sabemos que o mundo empresarial pode ser complexo e desafiador, repleto de conceitos e teorias que nem sempre são fáceis de assimilar. Por isso, optamos por adotar um método simples e eficaz: trazer as verdades fundamentais do empreendedorismo em frases concisas e poderosas, acompanhadas por breves reflexões que iluminam sua aplicação prática.

Cada uma das 90 frases contidas neste ebook é como uma pérola de sabedoria. Elas foram selecionadas com o propósito de oferecer a você insights valiosos, despertar sua criatividade e motivar sua jornada empreendedora.

Acreditamos firmemente que a simplicidade pode ser a chave para a compreensão e o sucesso. Ao simplificar os conceitos relevantes do mundo empresarial através de frases e pequenas reflexões sobre elas, queremos permitir que você absorva o conhecimento de forma mais fácil e eficaz, capacitando-o a tomar decisões mais conscientes e alcançar novos patamares em sua trajetória empreendedora.

Prepare-se para uma jornada de descobertas, inspirações e transformações. Este ebook está aqui para guiá-lo, motivá-lo e capacitá-lo a enfrentar os desafios do mundo empresarial com confiança e determinação. Que estas 90 frases sejam a luz que ilumina seu caminho rumo ao sucesso.

Vamos começar esta jornada juntos!

1

Garanta o Básico Primeiro

A "Garanta o básico primeiro" é uma frase crucial para empreendedores, pois ressalta a importância de estabelecer uma base sólida antes de se aventurar em empreendimentos ma s complexos. Nos negócios, isso se traduz em garantir que as necessidades fundamentais sejam atendidas antes de se comprometer com investimentos ou expansões mais arriscadas.

Para um empreendedor, isso pode significar focar inicialmente em aspectos essenciais do negócio, como identificar e entender o mercado-alvo, desenvolver um produto ou serviço de qualidade e estabelecer uma estrutura organizacional eficiente. Ao priorizar o básico, o empreendedor constrói uma base sólida que sustentará o crescimento futuro.

Além disso, garantir o básico primeiro também implica em gerenciar cuidadosamente os recursos disponíveis, evitando gastos desnecessários e tomando decisões financeiras prudentes. Isso permite que o empreendedor mantenha o controle sobre as finanças e minimize os riscos associados ao desenvolvimento do negócio.

Em resumo, a frase "garanta o básico primeiro" lembra aos empreendedores a importância de estabelecer **fundamentos sólidos antes de buscar grandes objetivos**. Ao concentrar-se nas bases, os empreendedores podem construir um alicerce robusto para o sucesso futuro de seus negócios.

2

A pressão é o que faz os diamantes

A frase "A pressão é o que faz os diamantes" encapsula a ideia de que **desafios e dificuldades são essenciais para o crescimento e o desenvolvimento pessoal.** Para um empreendedor, enfrentar pressões é uma realidade constante. Desde lidar com a concorrência acirrada até superar obstáculos financeiros, a pressão é uma parte inevitável do caminho para o sucesso.

Assim como o carvão se transforma em diamante sob pressão extrema, os empreendedores podem se fortalecer e amadurecer diante das adversidades. Enfrentar desafios obriga-os a buscar soluções inovadoras, aprimorar suas habilidades de gerenciamento e desenvolver resiliência para perseverar nos momentos difíceis.

Ao invés de se intimidarem com a pressão, empreendedores bem-sucedidos a abraçam como uma oportunidade de crescimento. Eles aprendem a transformar a pressão em motivação, utilizando-a como um impulso para alcançar novos patamares de sucesso. Em vez de serem esmagados pelos desafios, eles emergem mais fortes e mais resilientes, prontos para enfrentar o próximo desafio com confiança e determinação. Em resumo, a pressão pode ser vista não como um obstáculo, mas como uma ferramenta poderosa para lapidar os empreendedores e levá-los ao seu potencial máximo.

3

O sucesso não é medido pelo dinheiro, mas pelas lições aprendidas no caminho

Embora o dinheiro possa ser um indicador superficial de sucesso, as lições aprendidas ao longo do processo são as verdadeiras riquezas que moldam os empreendedores e os preparam para enfrentar desafios futuros. Cada obstáculo superado, cada erro cometido e cada fracasso enfrentado oferece uma oportunidade valiosa de aprendizado e crescimento.

Os empreendedores que entendem essa perspectiva reconhecem a importância de investir em seu desenvolvimento pessoal e profissional. Eles valorizam a experiência adquirida ao longo do caminho, seja através de tentativas e erros, feedbacks construtivos ou simplesmente pela perseverança diante das adversidades.

Ao invés de se concentrarem exclusivamente nos resultados financeiros, esses empreendedores buscam constantemente aprender, crescer e se aprimorar. Eles entendem que o verdadeiro sucesso vai além dos números em uma planilha e se reflete nas habilidades adquiridas, nos relacionamentos construídos e no **impacto positivo que deixam no mundo ao longo de sua jornada empreendedora.**

Portanto, ao avaliar seu próprio sucesso, os empreendedores são incentivados a olhar para além dos aspectos monetários e a valorizar as lições aprendidas, reconhecendo que são essas experiências que os capacitam a alcançar novos patamares de realização e excelência.

4

Acredite no impossível e faça acontecer

Acreditar no impossível e fazer acontecer é a essência do empreendedorismo audacioso e inovador. Essa frase inspiradora ressalta a importância da fé, determinação e ação para transformar sonhos aparentemente impossíveis em realidade tangível.

Para os empreendedores, a crença no impossível é o primeiro passo para desafiar o status quo e buscar soluções inovadoras para problemas complexos. É a capacidade de visualizar além das limitações percebidas e abraçar uma mentalidade de possibilidades infinitas que impulsiona a criação de empresas e produtos revolucionários.

No entanto, a simples crença não é o suficiente. A ação é fundamental para concretizar esses sonhos aparentemente inalcançáveis. Os empreendedores bem-sucedidos não apenas sonham alto, mas também se comprometem com a execução diligente e incansável de suas visões. Eles estão dispostos a enfrentar desafios, correr riscos calculados e persistir diante da adversidade para transformar suas aspirações em realizações concretas.

Ao acreditar no impossível e agir com determinação, os empreendedores são capazes de desbravar novos territórios, criar mudanças significativas e deixar um legado duradouro. Eles se tornam catalisadores de inovação e progresso, inspirando outros a seguir seus passos e desafiar os limites do que é considerado possível.

Portanto, para os empreendedores que aspiram a grandes conquistas, a mensagem é clara: acredite no impossível, tenha coragem para agir e faça acontecer. **Pois são aqueles que se atrevem a desafiar o impossível que acabam transformando o mundo ao seu redor.**

5

A humildade é a chave para aprender e crescer

A humildade é a chave para aprender e crescer em todos os aspectos da vida, e isso é especialmente verdadeiro para os empreendedores. Essa frase simples encapsula uma verdade profunda: **reconhecer que sempre há mais a aprender e que o crescimento pessoal e profissional vem da disposição para aceitar novas ideias, feedbacks e experiências.**

Para os empreendedores, a humildade é fundamental em diversas áreas. Primeiramente, ela permite que eles reconheçam suas próprias limitações e vulnerabilidades, o que os motiva a buscar conhecimento e orientação de outros. Isso os torna mais abertos a aprender com as experiências dos outros, evitando armadilhas comuns e adotando práticas comprovadas que podem impulsionar o sucesso de seus empreendimentos.

Além disso, a humildade facilita a construção de relacionamentos sólidos e colaborativos. Empreendedores humildes valorizam as contribuições de seus colegas, parceiros e funcionários, reconhecendo que o sucesso é frequentemente o resultado de esforços coletivos. Eles estão dispostos a ouvir diferentes perspectivas, aceitar críticas construtivas e trabalhar em equipe para alcançar objetivos comuns.

A humildade também é essencial para lidar com o fracasso e superar obstáculos. Em vez de se deixarem abater por contratempos, empreendedores humildes encaram essas experiências como oportunidades de aprendizado e crescimento. Eles estão dispostos a admitir quando cometem erros, aprender com suas falhas e seguir em frente com humildade e determinação renovadas.

Em última análise, a humildade não apenas torna os empreendedores mais eficazes em seus negócios, mas também os ajuda a cultivar um senso de gratidão, empatia e respeito pelos outros. É a humildade que os capacita a se tornarem líderes autênticos e inspiradores, capazes de influenciar positivamente suas equipes, suas comunidades e o mundo ao seu redor.

6

A adversidade é o que define o seu caráter

A frase 'A adversidade é o que define o seu caráter' ressalta a importância das dificuldades e desafios na formação do caráter de um indivíduo, especialmente no contexto empreendedor. Enquanto muitos podem ver a adversidade como um obstáculo, os empreendedores reconhecem seu valor como uma oportunidade para crescer, aprender e se fortalecer.

É nos momentos de adversidade que o verdadeiro caráter de um empreendedor é revelado. Diante de desafios, fracassos e contratempos, é a resiliência, determinação e ética de trabalho que definem sua capacidade de superação. Em vez de se deixarem abater pelas dificuldades, os empreendedores enfrentam-nas de frente, buscando soluções criativas e perseverando até alcançar o sucesso.

Além disso, a adversidade também proporciona uma oportunidade única para o crescimento pessoal e profissional. Ao enfrentarem dificuldades, os empreendedores são desafiados a desenvolver novas habilidades, aprimorar sua capacidade de tomada de decisão e fortalecer sua resiliência emocional. Cada obstáculo superado os torna mais fortes, mais sábios e mais preparados para enfrentar desafios futuros.

Por fim, é importante destacar que a forma como os empreendedores lidam com a adversidade não apenas influencia seu próprio sucesso, mas também impacta suas equipes, clientes e comunidades. Ao enfrentarem desafios com coragem, integridade e determinação, os empreendedores inspiram aqueles ao seu redor a fazerem o mesmo, criando um ambiente de apoio mútuo e crescimento coletivo.

Portanto, para os empreendedores, a adversidade não deve ser vista como um obstáculo, mas sim como uma oportunidade de fortalecer o caráter, aprender e crescer. É através da superação de desafios que eles se tornam verdadeiros líderes, capazes de enfrentar qualquer obstáculo que surja em seu caminho em direção ao sucesso.

7

O otimismo é a força motriz por trás de grandes realizações

O otimismo é a força motriz por trás de grandes realizações, pois é a crença na possibilidade de um futuro melhor que impulsiona os empreendedores a perseguirem seus sonhos com determinação e entusiasmo. Esta frase reflete a importância de manter uma mentalidade positiva e esperançosa, mesmo diante de desafios e adversidades.

Para os empreendedores, o otimismo é uma ferramenta poderosa que os capacita a enfrentar obstáculos com resiliência e confiança. Em vez de se deixarem desanimar por contratempos ou fracassos temporários, empreendedores otimistas veem cada desafio como uma oportunidade de aprendizado e crescimento. Eles mantêm o foco nas possibilidades e soluções, em vez de se concentrarem nos problemas.

Além disso, o otimismo é contagioso e inspirador. Empreendedores otimistas são capazes de motivar suas equipes, clientes e parceiros com sua energia positiva e visão de futuro. Eles são líderes visionários, capazes de inspirar os outros a acreditar no potencial de suas ideias e no poder da perseverança.

No entanto, é importante ressaltar que o otimismo não é apenas uma questão de ver o mundo através de óculos cor-de-rosa. Em vez disso, é sobre reconhecer os desafios e dificuldades, mas escolher enfrentá-los com esperança e determinação. É sobre encontrar oportunidades em meio à adversidade e perseverar mesmo quando as coisas parecem sombrias.

Em resumo, o otimismo é uma qualidade essencial para os empreendedores, pois é o que os impulsiona a superar obstáculos, alcançar grandes realizações e fazer uma diferença positiva no mundo ao seu redor. É a força que os mantém avançando, mesmo quando o caminho parece difícil, e os capacita a transformar visões em realidade.

8

A vida é curta. Não há desculpas

A vida é curta. Não há desculpas." Esta frase poderosa serve como um lembrete incisivo para os empreendedores sobre a importância de aproveitar ao máximo cada momento e oportunidade que a vida oferece. Ela ressalta a necessidade de agir com determinação, foco e senso de urgência na busca dos objetivos e sonhos.

Para os empreendedores, essa frase serve como um chamado à ação. Ela nos lembra que o tempo é um recurso finito e precioso, e que adiar nossas metas e aspirações pode nos privar das oportunidades que a vida nos oferece. Diante dessa realidade, os empreendedores são incentivados a agir com determinação e coragem, sem se deixarem paralisar pelo medo ou pela indecisão.

Além disso, a frase "Não há desculpas" destaca a importância da responsabilidade pessoal e do comprometimento com o próprio sucesso. Os empreendedores são desafiados a assumir a responsabilidade por suas escolhas e ações, reconhecendo que são os arquitetos de seu próprio destino. Em vez de buscar desculpas para justificar a inação ou o fracasso, eles se comprometem a enfrentar os desafios de frente, aprendendo e crescendo com cada experiência.

No mundo do empreendedorismo, onde a concorrência é acirrada e as oportunidades podem surgir e desaparecer rapidamente, a frase "A vida é curta. Não há desculpas" serve como um lembrete poderoso da importância de agir com determinação, foco e resiliência. Ela nos lembra que cada momento é uma oportunidade para avançar em direção aos nossos objetivos e que devemos aproveitar ao máximo cada instante que temos neste mundo.

9

Coragem é enfrentar o desconhecido com determinação

"Coragem é enfrentar o desconhecido com determinação." Esta frase encapsula a essência do empreendedorismo, onde o sucesso muitas vezes depende da capacidade de se aventurar em territórios desconhecidos e enfrentar desafios com resolução.

Para os empreendedores, coragem não significa ausência de medo, mas sim a disposição de agir apesar do medo. É a coragem que os impulsiona a assumir riscos calculados, a explorar novas ideias e a desafiar as normas estabelecidas. Eles sabem que o caminho para o sucesso está repleto de incertezas e obstáculos, mas estão dispostos a enfrentá-los com determinação e ousadia.

Enfrentar o desconhecido exige não apenas coragem, mas também determinação. É preciso perseverar mesmo quando as coisas ficam difíceis e continuar avançando em direção aos objetivos, mesmo quando o caminho parece árduo. Os empreendedores determinados são capazes de superar adversidades, aprender com os fracassos e seguir em frente com confiança renovada.

Além disso, a coragem e a determinação dos empreendedores são frequentemente contagiosas, inspirando suas equipes, parceiros e clientes a compartilharem de sua visão e comprometimento. Eles se tornam líderes visionários, capazes de motivar outros a se juntarem a eles na busca por um objetivo comum.

Em resumo, a frase "Coragem é enfrentar o desconhecido com determinação" ressalta a importância de se aventurar fora da zona de conforto, de perseguir os sonhos com ousadia e de seguir em frente com determinação, mesmo diante dos desafios mais difíceis. É a coragem e a determinação dos empreendedores que os capacitam a transformar visões em realidade e a deixar um legado duradouro no mundo dos negócios e além.

10

A resiliência é a capacidade de se adaptar e superar desafios

"A resiliência é a capacidade de se adaptar e superar desafios." Esta frase captura a essência de uma qualidade fundamental para os empreendedores enfrentarem as inevitáveis adversidades ao longo de suas jornadas. Resiliência não se trata apenas de resistir à pressão, mas sim de se adaptar e crescer através dela.

Para os empreendedores, a resiliência é uma habilidade crucial. Eles enfrentam uma série de desafios, desde a incerteza do mercado até contratempos financeiros e obstáculos operacionais. A resiliência permite que eles se recuperem rapidamente diante de falhas e rejeições, aprendendo com cada experiência e ajustando suas estratégias conforme necessário.

Além disso, a resiliência permite que os empreendedores mantenham sua motivação e foco mesmo em momentos difíceis. Eles não permitem que contratempos temporários os desviem de seus objetivos de longo prazo. Em vez disso, eles canalizam sua energia para encontrar soluções criativas, buscar novas oportunidades e seguir em frente com determinação renovada.

A resiliência também desempenha um papel fundamental na construção de relacionamentos e no fortalecimento das equipes. Empreendedores resilientes são capazes de inspirar e motivar suas equipes, transmitindo uma atitude positiva e uma mentalidade de superação. Eles criam um ambiente de trabalho onde o fracasso é encarado como uma oportunidade de aprendizado e crescimento, e onde todos são encorajados a contribuir com soluções inovadoras.

Em resumo, a resiliência é uma qualidade indispensável para os empreendedores enfrentarem os desafios do mundo dos negócios. É a capacidade de se adaptar, aprender e crescer através das adversidades que permite que eles superem obstáculos, alcancem o sucesso e deixem um legado duradouro em suas indústrias e comunidades.

11

A paixão é o combustível que alimenta o sucesso

"A paixão é o combustível que alimenta o sucesso." Essa afirmação reflete a importância vital da paixão no empreendedorismo, destacando-a como uma força motriz poderosa por trás das realizações significativas. Para os empreendedores, a paixão não é apenas um mero interesse; é uma chama ardente que impulsiona a perseverança, a criatividade e a dedicação necessárias para superar desafios e alcançar metas audaciosas.

A paixão alimenta a determinação dos empreendedores, impelindo-os a seguir em frente, mesmo quando o caminho parece difícil. Ela os mantém comprometidos com sua visão, mesmo diante das adversidades, e os inspira a buscar incansavelmente a excelência em seus empreendimentos. Quando os empreendedores são apaixonados pelo que fazem, estão mais propensos a persistir através das dificuldades, transformando obstáculos em oportunidades de crescimento e aprendizado.

Além disso, a paixão é contagiosa e inspiradora. Empreendedores apaixonados não apenas motivam a si mesmos, mas também inspiram suas equipes, parceiros e clientes com seu entusiasmo contagiante. Eles são capazes de transmitir sua visão de forma convincente, cultivando um senso de propósito compartilhado e mobilizando outros para se juntarem à sua causa.

Por fim, a paixão é o que confere significado e satisfação ao empreendedorismo. Quando os empreendedores são apaixonados pelo que fazem, o trabalho deixa de ser apenas uma fonte de renda e se torna uma expressão de sua identidade e valores. Eles encontram realização pessoal e profissional em perseguir suas paixões, transformando-as em empreendimentos de sucesso que deixam um impacto duradouro no mundo.

Em resumo, a paixão é um elemento essencial para o sucesso empreendedor. É a energia vital que impulsiona a ação, inspira a inovação e infunde cada passo do caminho com significado e propósito. Para os empreendedores, cultivar e nutrir sua paixão é fundamental para alcançar seus objetivos e criar um legado duradouro no mundo dos negócios e além.

12

A persistência é a chave para superar os obstáculos

"A persistência é a chave para superar os obstáculos." Essa frase resume a importância fundamental da determinação e da resistência no percurso empreendedor. No mundo dos negócios, os obstáculos são inevitáveis e podem surgir em diversas formas, desde desafios financeiros até problemas operacionais e concorrência acirrada. É a capacidade de persistir diante desses desafios que define o sucesso de um empreendedor.

Para os empreendedores, a persistência é mais do que apenas uma qualidade desejável - é uma necessidade absoluta. É a determinação de continuar avançando, mesmo quando as coisas ficam difíceis, que os diferencia dos demais. Em vez de se deixarem desanimar por contratempos ou fracassos temporários, os empreendedores persistentes encaram os desafios de frente, buscando soluções criativas e mantendo-se focados em seus objetivos finais.

Além disso, a persistência é fundamental para o desenvolvimento de resiliência. Ao enfrentarem e superarem obstáculos, os empreendedores fortalecem sua capacidade de lidar com adversidades futuras. Cada desafio superado os torna mais fortes e mais preparados para enfrentar os desafios que surgirão em seu caminho.

A persistência também desempenha um papel importante na construção de relacionamentos e na manutenção de parcerias. Empreendedores persistentes são vistos como confiáveis e comprometidos, o que ajuda a criar uma base sólida de apoio ao longo do tempo.

Em resumo, a persistência é uma qualidade essencial para os empreendedores que buscam o sucesso. É a chave para superar os obstáculos, alcançar metas ambiciosas e construir um negócio duradouro e significativo. Ao manterem-se persistentes em sua busca pelo sucesso, os empreendedores podem transformar desafios em oportunidades e alcançar grandes feitos em suas jornadas empreendedoras.

13

A perseverança é a virtude dos vencedores

"A perseverança é a virtude dos vencedores." Essa frase encapsula a importância fundamental de persistir, mesmo diante das adversidades, para alcançar o sucesso. Para os empreendedores, a perseverança é uma qualidade indispensável que os impulsiona a superar obstáculos, aprender com fracassos e persistir em sua busca por seus objetivos.

Ao longo da jornada empreendedora, os desafios são inevitáveis. Desde enfrentar a concorrência acirrada até lidar com contratempos financeiros e técnicos, os empreendedores estão constantemente sujeitos a obstáculos que poderiam desencorajar os mais fracos de espírito. No entanto, aqueles que perseveram, que mantêm seu foco e determinação mesmo nos momentos mais difíceis, são os que acabam alcançando o sucesso.

A perseverança permite que os empreendedores enfrentem os desafios de frente, sem se deixarem abalar pelo medo do fracasso. Eles entendem que cada obstáculo é uma oportunidade de aprendizado e crescimento, e estão dispostos a persistir até encontrarem uma solução viável. Além disso, a perseverança é muitas vezes o que diferencia os empreendedores bem-sucedidos daqueles que desistem cedo demais. É a capacidade de continuar avançando, mesmo quando as coisas parecem impossíveis, que separa os vencedores dos perdedores.

Mais do que uma simples qualidade, a perseverança é uma virtude que define os verdadeiros vencedores. É a determinação de continuar lutando, mesmo quando todos os outros desistem, que permite que os empreendedores superem obstáculos, alcancem seus objetivos e deixem um legado duradouro no mundo dos negócios. Em última análise, é a perseverança que separa os vencedores daqueles que ficam pelo caminho, transformando sonhos em realidade e desafios em oportunidades.

14

O fracasso é apenas uma oportunidade para recomeçar com mais inteligência

"O fracasso é apenas uma oportunidade para recomeçar com mais inteligência." Essa citação reflete uma mentalidade crucial para empreendedores, mostrando que o fracasso não é o fim, mas sim uma etapa no caminho para o sucesso. Em vez de serem desencorajados ou derrotados pelo fracasso, os empreendedores são encorajados a ver cada revés como uma oportunidade de aprendizado e crescimento.

Quando um empreendimento não alcança os resultados desejados, empreendedores bem-sucedidos analisam cuidadosamente as razões por trás do fracasso. Eles identificam o que deu errado, quais lições podem ser aprendidas e como podem melhorar no futuro. Em vez de se abaterem pela derrota, eles se levantam com determinação renovada e aplicam suas novas aprendizagens em seus próximos empreendimentos.

Essa abordagem resiliente e orientada para o aprendizado permite que os empreendedores cresçam e se desenvolvam ao longo do tempo. Cada fracasso se torna uma oportunidade para refinar suas habilidades, fortalecer sua resiliência e se aproximar mais do sucesso final. Além disso, a capacidade de aprender com o fracasso e se adaptar às circunstâncias em constante mudança é uma das características mais importantes de um empreendedor bem-sucedido.

Portanto, ao invés de temer o fracasso, os empreendedores são encorajados a abraçá-lo como parte inevitável do processo de crescimento e inovação. Eles entendem que é através do fracasso que se alcança o sucesso, e que cada obstáculo superado os aproxima mais de seus objetivos. Em última análise, essa mentalidade de resiliência e aprendizado contínuo é o que permite que os empreendedores transformem suas visões em realidade e deixem um legado duradouro no mundo dos negócios.

15

O sucesso não é garantido, mas a determinação é

"O sucesso não é garantido, mas a determinação é." Esta frase resume de forma poderosa a realidade do mundo empreendedor. Enquanto o sucesso pode parecer incerto e imprevisível, a determinação é uma qualidade sobre a qual os empreendedores têm controle direto e que desempenha um papel crucial em sua jornada.

Para os empreendedores, a determinação é a força motriz que os impulsiona a seguir em frente, mesmo diante das incertezas e dos desafios que encontram pelo caminho. É a disposição de persistir, mesmo quando os obstáculos parecem insuperáveis, que os mantém focados em seus objetivos e os capacita a superar adversidades.

Enquanto o sucesso pode ser influenciado por uma variedade de fatores externos, como mercado, concorrência e economia, a determinação é uma qualidade interna que os empreendedores podem cultivar e fortalecer ao longo do tempo. É a determinação que os impulsiona a continuar avançando, mesmo quando as probabilidades estão contra eles, e a encontrar maneiras criativas de contornar obstáculos.

Além disso, a determinação é o que diferencia os empreendedores que desistem diante do primeiro obstáculo dos que persistem até alcançarem o sucesso. Aqueles que são verdadeiramente determinados em suas metas estão dispostos a fazer o que for necessário para alcançá-las, seja aprendendo novas habilidades, buscando orientação ou simplesmente continuando a avançar, um passo de cada vez.

Portanto, embora o sucesso possa ser incerto e imprevisível, a determinação é uma qualidade que pode fazer toda a diferença na jornada empreendedora. É a determinação que permite que os empreendedores superem as adversidades, alcancem seus objetivos e deixem um legado duradouro no mundo dos negócios.

16

A confiança é o alicerce do sucesso

"A confiança é o alicerce do sucesso." Essa frase destaca a importância crucial da confiança na jornada empreendedora. Para os empreendedores, a confiança é mais co que apenas uma emoção; é uma qualidade essencial que permeia todas as facetas de seus negócios e decisões.

Primeiramente, a confiança em si mesmo é fundamental. Os empreendedores precisam confiar em suas próprias habilidades, conhecimentos e instintos para tomar decisões assertivas e seguir adiante com suas visões. A confiança em suas capacidades os capacita a enfrentar desafios com coragem e determinação, e a superar obstáculos com resiliência.

Além disso, a confiança é crucial nos relacionamentos com clientes, parceiros e colaboradores. Os empreendedores bem-sucedidos constroem e mantêm a confiança ao fornecer produtos ou serviços de qualidade, cumprir prazos e promessas e agir com integridade em todas as interações comerciais. Essa confiança é essencial para estabelecer relacionamentos duradouros e construir uma reputação sólida no mercado.

A confiança também desempenha um papel importante na capacidade dos empreendedores de assumir riscos calculados. Ao confiarem em sua própria visão e julgamento, os empreendedores estão dispostos a buscar oportunidades inovadoras e a se aventurar em novos territórios, mesmo que isso envolva algum grau de incerteza. É essa confiança em sua capacidade de superar desafios que os capacita a enfrentar o desconhecido com coragem e determinação.

Em resumo, a confiança é realmente o alicerce do sucesso empreendedor. É a confiança em si mesmo, nos relacionamentos e nas decisões que permite que os empreendedores enfrentem desafios, alcancem metas ambiciosas e deixem um legado duradouro no mundo dos negócios.

17

O sucesso é construído sobre uma base sólida de valores e ética

"O sucesso é construído sobre uma base sólida de valores e ética." Essa afirmação ressalta a importância fundamental de valores morais e éticos na jornada empreendedora. Enquanto o sucesso pode ser medido em termos de conquistas financeiras e reconhecimento, é a integridade e a adesão a princípios éticos que verdadeiramente sustentam uma empresa a longo prazo.

Para os empreendedores, ter valores sólidos significa operar com honestidade, transparência e respeito em todas as interações comerciais. Isso inclui tratar clientes, funcionários, fornecedores e concorrentes com integridade e equidade, buscando sempre soluções que beneficiem a todos os envolvidos. Os empreendedores que constroem suas empresas sobre uma base ética criam uma cultura organizacional que valoriza a integridade e a responsabilidade social, o que, por sua vez, contribui para o crescimento e o sucesso sustentável.

Além disso, os valores éticos também orientam as decisões e ações dos empreendedores em situações difíceis. Em momentos de dilemas éticos ou tentações para cortar cantos, os empreendedores que se mantêm fiéis aos seus valores enfrentam esses desafios com integridade e coragem. Eles entendem que, embora possam enfrentar obstáculos temporários ao seguir o caminho ético, a longo prazo, essa abordagem é fundamental para construir uma reputação confiável e duradoura.

Por fim, os valores e a ética também desempenham um papel importante na construção de relacionamentos sólidos e de confiança com clientes e partes interessadas. Os empreendedores que operam com integridade e respeito ganham a confiança e a lealdade de seus clientes, o que é essencial para o sucesso a longo prazo de qualquer negócio.

Em resumo, o sucesso verdadeiro no empreendedorismo vai além do lucro e do reconhecimento superficial. É construído sobre uma base sólida de valores e ética, que guiam as ações e decisões dos empreendedores e sustentam suas empresas ao longo do tempo. Ao operar com integridade e responsabilidade social, os empreendedores não apenas alcançam o sucesso financeiro, mas também deixam um legado positivo no mundo dos negócios e na sociedade como um todo.

18

Grandes desafios levam a grandes conquistas

"Grandes desafios levam a grandes conquistas." Essa afirmação reflete a ideia de que os empreendedores que se propõem a enfrentar desafios significativos têm o potencial de alcançar realizações extraordinárias. Para muitos empreendedores, a jornada rumo ao sucesso está repleta de obstáculos e adversidades, mas é precisamente ao enfrentar e superar esses desafios que eles podem atingir seus objetivos mais ambiciosos.

Ao enfrentar grandes desafios, os empreendedores são obrigados a sair de suas zonas de conforto e a expandir seus limites. Isso muitas vezes exige criatividade, resiliência e determinação. Os desafios proporcionam oportunidades para inovação e crescimento pessoal e profissional, à medida que os empreendedores encontram maneiras criativas de superar obstáculos e alcançar seus objetivos.

Além disso, os grandes desafios muitas vezes vêm acompanhados de grandes recompensas. Ao superar obstáculos significativos, os empreendedores podem experimentar um senso profundo de realização e satisfação. Eles aprendem lições valiosas ao longo do caminho e desenvolvem habilidades que os preparam para enfrentar desafios ainda maiores no futuro.

É importante ressaltar que enfrentar grandes desafios não é garantia de sucesso imediato. Muitas vezes, os empreendedores enfrentam fracassos e contratempos ao longo do caminho. No entanto, é a resiliência e a determinação em face da adversidade que os capacitam a continuar avançando, mesmo quando as probabilidades estão contra eles.

Em resumo, a jornada empreendedora está repleta de desafios, mas é ao enfrentar esses desafios que os empreendedores têm a oportunidade de alcançar conquistas verdadeiramente significativas. Ao adotar uma mentalidade de enfrentamento, buscando oportunidades de crescimento em meio às dificuldades, os empreendedores podem transformar grandes desafios em grandes conquistas e deixar um legado duradouro no mundo dos negócios.

19

A gratidão é a chave para a felicidade e o sucesso

"A gratidão é a chave para a felicidade e o sucesso." Esta afirmação ressalta a importância de cultivar um estado de espírito grato e apreciativo para alcançar não apenas a felicidade, mas também o sucesso em todas as áreas da vida, incluindo o empreendedorismo.

Para os empreendedores, a gratidão desempenha um papel fundamental em várias dimensões. Primeiramente, ser grato pelas oportunidades, recursos e apoio disponíveis é essencial para manter uma mentalidade positiva e resiliente. Reconhecer e valorizar as bênçãos e os recursos que estão ao seu dispor ajuda os empreendedores a enfrentar os desafios com uma perspectiva mais otimista e esperançosa.

Além disso, a gratidão também fortalece os relacionamentos interpessoais e a rede de apoio do empreendedor. Expressar gratidão aos clientes, colaboradores, parceiros e mentores não só demonstra apreço pelas contribuições deles, mas também fortalece os laços e constrói uma base sólida de confiança e lealdade. Relacionamentos positivos e colaborativos são essenciais para o sucesso a longo prazo de qualquer empreendimento.

Além disso, a gratidão pode servir como um poderoso motivador intrínseco. Sentir-se grato pelo progresso alcançado e pelas conquistas realizadas ao longo da jornada empreendedora inspira os empreendedores a continuarem se esforçando e buscando o melhor em si mesmos. A gratidão alimenta um ciclo positivo de realização e motivação, impulsionando os empreendedores a alcançarem novos patamares de sucesso.

Em última análise, a gratidão não só contribui para a felicidade pessoal dos empreendedores, mas também é um fator-chave para o sucesso nos negócios. Ao cultivar uma mentalidade de gratidão, os empreendedores podem criar um ambiente propício para o crescimento, a realização e o impacto positivo, tanto em suas próprias vidas quanto nas vidas daqueles ao seu redor.

20

O trabalho em equipe é essencial para alcançar objetivos ambiciosos

"O trabalho em equipe é essencial para alcançar objetivos ambiciosos." Essa afirmação destaca a importância fundamental da colaboração e da cooperação entre os membros de uma equipe para o sucesso empreendedor. No mundo dos negócios, especialmente em projetos e empreendimentos de grande escala, o trabalho em equipe é uma peça-chave para superar desafios complexos e alcançar metas ambiciosas.

Para os empreendedores, formar e liderar uma equipe eficaz é crucial. Cada membro da equipe traz consigo habilidades, conhecimentos e experiências únicas que, quando combinadas, podem gerar sinergias poderosas e impulsionar o progresso em direção aos objetivos estabelecidos. Trabalhar em equipe permite que os empreendedores aproveitem ao máximo os talentos individuais de cada membro, aumentando a criatividade, a produtividade e a capacidade de inovação do grupo como um todo.

Além disso, o trabalho em equipe promove um ambiente de apoio mútuo e colaboração, onde os membros se motivam e se incentivam uns aos outros a alcançar seu melhor desempenho. A capacidade de compartilhar ideias, solucionar problemas e superar obstáculos juntos fortalece os laços entre os membros da equipe e cria uma cultura organizacional positiva e produtiva.

O trabalho em equipe também é essencial para lidar com a complexidade e a diversidade de tarefas envolvidas em projetos ambiciosos. Ao distribuir responsabilidades e delegar tarefas de forma eficaz, os empreendedores podem garantir que cada aspecto do projeto seja abordado de maneira abrangente e que nenhum detalhe importante seja negligenciado.

Em resumo, o trabalho em equipe é uma parte essencial do sucesso empreendedor. Ao reunir talentos diversos e aproveitar o poder da colaboração, os empreendedores podem enfrentar desafios com confiança, alcançar objetivos ambiciosos e criar um impacto positivo duradouro em suas indústrias e comunidades.

21

A gratidão transforma os desafios em oportunidades

"A gratidão transforma os desafios em oportunidades." Essa afirmação ressalta o poder transformador da gratidão na forma como os empreendedores encaram os desafios que enfrentam em suas jornadas. Em vez de serem vistos apenas como obstáculos a serem superados, os desafios são reconhecidos como oportunidades para crescimento, aprendizado e desenvolvimento pessoal e profissional.

Quando os empreendedores cultivam uma mentalidade de gratidão, são capazes de mudar sua perspectiva em relação aos desafios. Em vez de se sentirem desencorajados ou derrotados diante das dificuldades, eles se concentram nas lições que podem extrair de cada experiência desafiadora e nas oportunidades que surgem delas. A gratidão os capacita a encontrar aspectos positivos mesmo nas situações mais difíceis, permitindo-lhes transformar a adversidade em uma fonte de crescimento e fortalecimento.

Além disso, a gratidão ajuda os empreendedores a manter uma atitude positiva e resiliente diante dos desafios. Em vez de se deixarem consumir pelo estresse ou pela negatividade, eles procuram soluções criativas e mantêm o foco no progresso e nas possibilidades futuras. A gratidão os capacita a enfrentar os desafios com coragem e determinação, sabendo que cada obstáculo superado os aproxima um passo mais perto de seus objetivos.

Por fim, a gratidão fortalece os relacionamentos e as conexões interpessoais, o que pode ser fundamental para superar desafios de forma colaborativa. Os empreendedores que expressam gratidão pelos membros de sua equipe, parceiros de negócios e outros colaboradores criam um ambiente de trabalho positivo e de apoio mútuo, onde todos se sentem valorizados e incentivados a contribuir da melhor forma possível.

Em resumo, a gratidão tem o poder de transformar os desafios em oportunidades, permitindo que os empreendedores enfrentem as dificuldades com uma perspectiva positiva e construtiva. Ao cultivar uma mentalidade de gratidão, os empreendedores podem transformar a adversidade em crescimento, aprendizado e sucesso em suas jornadas empreendedoras.

22

O sucesso é uma jornada de autodescoberta e crescimento pessoal

"O sucesso é uma jornada de autodescoberta e crescimento pessoal." Essa afirmação destaca um aspecto essencial da busca pelo sucesso, mostrando que vai além de simplesmente alcançar metas externas ou acumular riquezas materiais. Na verdade, o sucesso é profundamente enraizado na jornada de autodescoberta e desenvolvimento pessoal que os empreendedores atravessam ao longo de suas vidas.

Para os empreendedores, a jornada para o sucesso muitas vezes é caracterizada por desafios, contratempos e momentos de reflexão profunda. É um processo de autoexploração, onde os indivíduos aprendem sobre suas próprias habilidades, paixões, valores e limitações. Ao longo dessa jornada, os empreendedores descobrem o que realmente os motiva e inspira, identificam áreas de crescimento e desenvolvimento e encontram maneiras de superar suas próprias limitações.

Além disso, a busca pelo sucesso muitas vezes envolve a superação de obstáculos pessoas e o desenvolvimento de habilidades como resiliência, determinação e autoconfiança. Os empreendedores aprendem a lidar com o fracasso de forma construtiva, vendo-o como uma oportunidade de aprendizado e crescimento, e desenvolvem uma mentalidade de perseverança que os impulsiona a continuar avançando, mesmo diante das adversidades.

Ao longo dessa jornada de autodescoberta e crescimento pessoal, os empreendedores também têm a oportunidade de impactar positivamente aqueles ao seu redor. Eles podem inspirar e motivar outros com sua determinação e dedicação, compartilhar suas experiências e conhecimentos para ajudar os outros a alcançarem seus próprios objetivos e contribuir para o bem-estar e o progresso da comunidade em geral.

Em resumo, o sucesso verdadeiro vai além de conquistas externas e reconhecimento público. É uma jornada pessoal de autodescoberta, aprendizado e crescimento que molda não apenas o que os empreendedores conseguem alcançar, mas também quem eles se tornam ao longo do caminho. É nessa jornada que reside o verdadeiro significado e a verdadeira realização do sucesso empreendedor.

23

O sucesso não vem sem sacrifícios

"O sucesso não vem sem sacrifícios." Esta afirmação destaca uma realidade frequentemente enfrentada pelos empreendedores: o caminho para o sucesso muitas vezes requer abrir mão de certas coisas em prol de alcançar metas e objetivos significativos.

Para muitos empreendedores, o sacrifício pode vir na forma de longas horas de trabalho, renúncia a tempo livre e lazer, e até mesmo abrir mão de confortos pessoais ou financeiros. Eles podem enfrentar momentos de incerteza financeira, investindo tempo e recursos em um empreendimento que ainda não está gerando lucro. Além disso, os empreendedores muitas vezes enfrentam o sacrifício de equilibrar seu tempo entre trabalho e vida pessoal, dedicando-se intensamente ao crescimento de seus negócios.

No entanto, é importante ressaltar que os sacrifícios feitos pelos empreendedores muitas vezes são vistos como investimentos no futuro. Eles estão dispostos a enfrentar esses desafios e renúncias porque acreditam no potencial de suas visões e no valor do que estão construindo. Eles veem esses sacrifícios como uma parte inevitável do processo de alcançar seus objetivos e estão dispostos a pagar o preço pelo sucesso que almejam.

Além disso, os sacrifícios feitos pelos empreendedores muitas vezes são compensados pelo senso de realização e satisfação que acompanha o sucesso. Ao verem seus negócios prosperarem e alcançarem metas que antes pareciam inatingíveis, os empreendedores percebem que os sacrifícios valeram a pena.

Por fim, é importante lembrar que o sucesso não é apenas medido em termos de conquistas financeiras ou profissionais, mas também em termos de felicidade e realização pessoal. Para alguns empreendedores, os sacrifícios podem ser uma parte essencial de uma jornada de autodescoberta e crescimento pessoal, onde o verdadeiro sucesso é encontrado ao viver uma vida alinhada com seus valores e paixões.

Em resumo, o sucesso muitas vezes requer sacrifícios significativos por parte dos empreendedores. No entanto, esses sacrifícios são vistos como investimentos no futuro e são compensados pelo senso de realização e satisfação que acompanha o alcance dos objetivos.

24

A perseverança é a chave para superar os desafios

"A perseverança é a chave para superar os desafios." Essa afirmação destaca uma verdade fundamental no mundo empreendedor: a importância de persistir e continuar avançando, mesmo diante das dificuldades e contratempos inevitáveis que surgem ao longo do caminho.

Para os empreendedores, a jornada rumo ao sucesso está repleta de desafios de todas as formas e tamanhos. Eles enfrentam obstáculos financeiros, competição acirrada, incertezas do mercado e uma série de outros contratempos que poderiam desencorajar os menos determinados. No entanto, é a perseverança - a capacidade de persistir diante das adversidades - que os capacita a superar esses desafios e alcançar seus objetivos.

A perseverança é mais do que apenas persistir teimosamente; é também uma atitude mental que permite aos empreendedores enfrentarem os desafios com coragem, resiliência e determinação. Eles entendem que o sucesso raramente é alcançado sem enfrentar contratempos e que cada desafio superado os torna mais fortes e mais preparados para os desafios futuros.

Além disso, a perseverança é fundamental para manter a motivação e o foco ao longo da jornada empreendedora. Quando as coisas ficam difíceis, é fácil ficar desanimado e desistir. No entanto, os empreendedores perseverantes encontram maneiras de se manterem motivados, buscando inspiração em suas metas e visões de longo prazo e mantendo o olhar fixo no futuro.

Por fim, a perseverança também é uma qualidade admirada por outros - clientes, investidores, parceiros de negócios e colaboradores. Empreendedores que demonstram perseverança em face de desafios inspiram confiança e respeito, construindo uma reputação de resiliência e determinação que pode abrir portas e criar oportunidades futuras.

Em resumo, a perseverança é realmente a chave para superar os desafios no mundo empreendedor. É a qualidade que permite aos empreendedores persistirem, mesmo quando as probabilidades estão contra eles, e os capacita a transformar obstáculos em oportunidades de crescimento e sucesso. Ao cultivarem uma mentalidade perseverante, os empreendedores podem enfrentar qualquer desafio que surja em seu caminho e alcançar grandes feitos em suas jornadas empreendedoras.

25

Não se trata de onde você começa, mas de onde você termina

"Não se trata de onde você começa, mas de onde você termina." Esta frase ressalta a ideia de que o sucesso não é determinado pelo ponto de partida inicial de alguém, mas sim pelo destino final que eles conseguem alcançar por meio de esforço, determinação e perseverança.

Para os empreendedores, essa afirmação é especialmente significativa. Muitas vezes, eles podem começar suas jornadas com recursos limitados, experiência limitada ou até mesmo enfrentando desafios pessoais significativos. No entanto, o verdadeiro indicador de sucesso não está na situação inicial, mas sim na trajetória que eles traçam e nas realizações que conquistam ao longo do caminho.

Os empreendedores bem-sucedidos entendem que o sucesso é uma jornada contínua, e não um destino final. Eles se concentram em definir metas claras e trabalhar diligentemente para alcançá-las, independentemente das circunstâncias iniciais. Eles estão dispostos a aprender com os fracassos, adaptar suas estratégias e persistir diante das adversidades até atingirem seus objetivos.

Além disso, essa frase também destaca a importância de olhar para além das limitações percebidas e se concentrar no potencial e na visão de longo prazo. Os empreendedores que conseguem visualizar um futuro melhor para si mesmos e para suas empresas são capazes de superar os obstáculos iniciais com determinação e criar oportunidades onde outros veem apenas desafios.

Em resumo, não importa de onde você comece sua jornada empreendedora, o que realmente importa é onde você termina e o impacto que você é capaz de fazer ao longo do caminho. Ao adotar uma mentalidade de crescimento, perseverança e visão de longo prazo, os empreendedores podem transformar suas circunstâncias iniciais e alcançar grandes feitos em suas jornadas empreendedoras.

26

O sucesso é a soma de pequenos esforços repetidos dia após dia

"O sucesso é a soma de pequenos esforços repetidos dia após dia." Essa frase destaca a importância da consistência e da persistência na busca pelo sucesso. Muitas vezes, os empreendedores podem ser tentados a buscar soluções rápidas ou resultados imediatos, mas o verdadeiro sucesso é construído ao longo do tempo, por meio de um compromisso contínuo com o progresso incremental.

Para os empreendedores, isso significa estar disposto a dedicar tempo e esforço consistentes para avançar em direção aos seus objetivos, mesmo quando os resultados não são imediatamente visíveis. Em vez de buscar atalhos ou soluções rápidas, os empreendedores bem-sucedidos entendem que o sucesso vem da disciplina para realizar pequenas tarefas todos os dias, acumulando progresso ao longo do tempo.

Esses pequenos esforços diários podem incluir atividades como desenvolver novas habilidades, cultivar relacionamentos com clientes e parceiros, melhorar processos internos ou simplesmente permanecer focado e motivado em face dos desafios. Embora possam parecer insignificantes individualmente, ao longo do tempo, esses esforços se somam e criam uma base sólida para o sucesso duradouro.

Além disso, a consistência é fundamental para construir hábitos produtivos e sustentáveis que impulsionam o sucesso empreendedor. Ao adotar uma rotina consistente e comprometer-se a realizar pequenas ações todos os dias, os empreendedores podem criar um impulso poderoso em direção aos seus objetivos e superar obstáculos com mais facilidade.

Por fim, a frase também destaca a importância da perseverança ao longo da jornada empreendedora. Nem todos os dias serão fáceis, e pode haver momentos de desânimo ou desafios significativos. No entanto, é a capacidade de continuar avançando, mesmo quando as coisas ficam difíceis, que separa os empreendedores de sucesso daqueles que desistem prematuramente.

Em resumo, o sucesso empreendedor não é o resultado de um esforço único ou de uma grande conquista, mas sim da soma de pequenos esforços repetidos dia após dia. É a consistência, a perseverança e o compromisso contínuo com o progresso que permitem aos empreendedores alcançarem seus objetivos e deixarem um legado duradouro no mundo dos negócios.

27

Encontre um comprador primeiro

"Encontre um comprador primeiro." Essa frase ressalta a importância de validar a demanda pelo seu produto ou serviço antes de investir tempo e recursos significativos no desenvolvimento ou produção. No contexto empreendedor, isso significa identificar e garantir a existência de clientes interessados antes de lançar um novo produto ou serviço no mercado.

Encontrar um comprador primeiro permite que os empreendedores testem suas ideias e conceitos, garantindo que eles atendam a uma necessidade real do mercado. Isso pode ser feito por meio de pesquisas de mercado, entrevistas com potenciais clientes, testes de protótipos ou até mesmo pré-vendas.

Essa abordagem orientada pelo cliente ajuda a minimizar o risco de lançar um produto ou serviço que não tenha demanda suficiente, economizando tempo e recursos preciosos. Além disso, ao envolver os clientes desde o início do processo de desenvolvimento, os empreendedores podem criar produtos ou serviços mais alinhados com as necessidades e expectativas do mercado, aumentando suas chances de sucesso.

Em resumo, "Encontre um comprador primeiro" destaca a importância de validar a demanda pelo seu produto ou serviço antes de avançar para o desenvolvimento completo, ajudando os empreendedores a minimizar riscos e maximizar suas chances de sucesso no mercado.

28

A determinação é a força que impulsiona o progresso

"A determinação é a força que impulsiona o progresso." Essa afirmação destaca a importância crucial da determinação na jornada empreendedora. Determinação refere-se à firmeza de propósito, à vontade inabalável de alcançar um objetivo, mesmo diante de obstáculos ou adversidades.

No mundo empreendedor, a determinação é uma qualidade fundamental que impulsiona os empreendedores a seguir em frente, mesmo quando enfrentam desafios significativos. É a força que os capacita a superar contratempos, a perseverar diante das dificuldades e a continuar avançando em direção aos seus objetivos, independentemente das circunstâncias.

A determinação é especialmente importante porque a jornada empreendedora é frequentemente caracterizada por altos e baixos, com momentos de sucesso e momentos de fracasso. Em face desses desafios, os empreendedores determinados são capazes de manter uma mentalidade resiliente e positiva, buscando soluções criativas para superar obstáculos e seguir em frente.

Além disso, a determinação é uma qualidade contagiosa. Empreendedores determinados inspiram aqueles ao seu redor - membros da equipe, parceiros de negócios, investidores e clientes - a acreditar na visão e nos objetivos do empreendimento. Sua determinação os torna líderes convincentes e motivadores, capazes de mobilizar e unir pessoas em torno de um propósito comum.

Por fim, é importante ressaltar que a determinação não se trata apenas de ter força de vontade, mas também de ter um plano claro e uma estratégia bem definida para alcançar os objetivos estabelecidos. Empreendedores determinados não apenas persistem teimosamente, mas também são flexíveis o suficiente para ajustar suas abordagens conforme necessário e buscar constantemente maneiras de progredir.

Em resumo, a determinação é de fato a força que impulsiona o progresso no mundo empreendedor. É a qualidade que capacita os empreendedores a superar desafios, a inspirar outros e a alcançar grandes feitos em suas jornadas empreendedoras. Ao cultivarem uma mentalidade determinada, os empreendedores podem transformar obstáculos em oportunidades e avançar em direção ao sucesso com confiança e resolução.

29

A coragem de arriscar é o que nos leva a novas conquistas

"A coragem de arriscar é o que nos leva a novas conquistas." Essa frase ressalta um aspecto fundamental do empreendedorismo: a disposição de assumir riscos é muitas vezes o catalisador para alcançar novos patamares de sucesso e realização. No mundo dos negócios, os empreendedores que demonstram coragem ao assumir riscos calculados estão frequentemente entre aqueles que alcançam as maiores conquistas.

Assumir riscos faz parte inerente do processo empreendedor. Isso pode envolver desde investir recursos financeiros em um novo empreendimento até lançar um produto inovador no mercado ou entrar em novos mercados desconhecidos. A coragem de arriscar é o que impulsiona os empreendedores a sair da zona de conforto e buscar oportunidades que oferecem potencial de crescimento e sucesso.

No entanto, é importante ressaltar que assumir riscos não significa agir de forma imprudente ou negligente. Em vez disso, os empreendedores corajosos realizam uma análise cuidadosa dos riscos e recompensas envolvidos em suas decisões, tomando medidas para mitigar os riscos sempre que possível. Eles reconhecem que o sucesso muitas vezes requer sair da zona de conforto e enfrentar o desconhecido com coragem e determinação.

Além disso, a coragem de arriscar também está intrinsecamente ligada à inovação e ao progresso. Ao se aventurarem em novos territórios e desafiar o status quo, os empreendedores podem descobrir novas oportunidades, soluções criativas e maneiras de criar valor para seus clientes e stakeholders. A disposição de correr riscos é o que impulsiona a inovação e impulsiona o crescimento econômico e social.

Por fim, é importante destacar que o fracasso faz parte integrante do processo de assumir riscos. Nem todos os riscos assumidos resultarão em sucesso, e os empreendedores corajosos estão cientes disso. No entanto, eles encaram o fracasso como uma oportunidade de aprendizado e crescimento, usando as lições aprendidas para informar suas futuras decisões e continuar avançando em direção aos seus objetivos.

30

A gratidão transforma desafios em oportunidades de crescimento

"A gratidão transforma desafios em oportunidades de crescimento." Essa afirmação destaca o poder transformador da gratidão na forma como os empreendedores enfrentam os desafios em suas jornadas. Ao invés de serem vistos apenas como obstáculos a serem superados, os desafios são reconhecidos como oportunidades para aprendizado, desenvolvimento pessoal e profissional, quando vistos com gratidão.

A prática da gratidão permite aos empreendedores mudar sua perspectiva em relação aos desafios. Em vez de se concentrarem apenas nos aspectos negativos das situações difíceis, eles procuram pelos aspectos positivos e pelas lições que podem ser extraídas de cada experiência desafiadora. Essa mudança de mentalidade possibilita que os empreendedores transformem adversidades em oportunidades de crescimento e desenvolvimento.

Além disso, a gratidão ajuda os empreendedores a manter uma atitude positiva e resiliente diante dos desafios. Em vez de se deixarem abater pelo estresse ou pela frustração, eles buscam soluções criativas e mantêm o foco nas oportunidades de aprendizado e crescimento que cada desafio oferece. Isso os capacita a enfrentar os obstáculos com coragem e determinação, sabendo que cada desafio superado os torna mais fortes e mais preparados para enfrentar os desafios futuros.

A prática da gratidão também promove a resiliência emocional dos empreendedores. Ao reconhecerem e apreciarem os recursos, as habilidades e as oportunidades disponíveis a eles, os empreendedores são capazes de lidar melhor com a pressão e o estresse associados aos desafios. Eles se sentem mais capacitados para enfrentar as dificuldades, sabendo que têm uma base sólida de apoio e recursos para ajudá-los ao longo do caminho.

Em resumo, a gratidão é uma ferramenta poderosa que os empreendedores podem utilizar para transformar desafios em oportunidades de crescimento. Ao cultivarem uma mentalidade de gratidão, eles são capazes de enfrentar os obstáculos com resiliência, determinação e otimismo, transformando adversidades em trampolins para o sucesso em suas jornadas empreendedoras.

31

A resiliência nos torna mais fortes diante das adversidades

"A resiliência nos torna mais fortes diante das adversidades." Essa afirmação destaca a capacidade dos empreendedores de se recuperarem, se adaptarem e crescerem face aos desafios e contratempos que inevitavelmente surgem em suas jornadas.

A resiliência é uma qualidade essencial no mundo empreendedor. Ela permite que os empreendedores enfrentem os desafios com coragem e determinação, mesmo quando as coisas não saem como planejado. Em vez de se deixarem abater pelo fracasso ou pela adversidade, os empreendedores resilientes encontram maneiras de se recuperar, aprender com suas experiências e seguir em frente com renovada força e determinação.

A resiliência também desempenha um papel importante na construção da confiança e autoestima dos empreendedores. Ao superarem obstáculos e adversidades, eles desenvolvem uma maior confiança em suas próprias habilidades e capacidades. Eles reconhecem que são capazes de lidar com situações desafiadoras e confiam em sua capacidade de superar qualquer obstáculo que surja em seu caminho.

Além disso, a resiliência ajuda os empreendedores a manterem uma perspectiva positiva e otimista, mesmo diante das circunstâncias mais difíceis. Eles veem os desafios como oportunidades de crescimento e aprendizado, em vez de obstáculos intransponíveis. Essa mentalidade resiliente os capacita a encontrar soluções criativas para os problemas e a permanecerem focados em seus objetivos, mesmo em momentos de adversidade.

Por fim, a resiliência é uma qualidade admirada por outros - clientes, colaboradores, investidores e parceiros de negócios. Empreendedores que demonstram resiliência em face de adversidades inspiram confiança e respeito, construindo uma reputação de força e determinação que pode abrir portas e criar oportunidades futuras.

Em resumo, a resiliência é uma qualidade essencial para os empreendedores enfrentarem os desafios do mundo dos negócios. Ao cultivarem uma mentalidade resiliente, os empreendedores são capazes de superar adversidades, crescer com suas experiências e alcançar grandes feitos em suas jornadas empreendedoras.

32

A persistência é a chave para alcançar o sucesso desejado

"A persistência é a chave para alcançar o sucesso desejado." Essa afirmação ressalta um princípio fundamental no mundo empreendedor: a importância de continuar avançando e não desistir diante dos obstáculos que surgem ao longo do caminho em direção aos objetivos.

Para os empreendedores, a jornada rumo ao sucesso é frequentemente caracterizada por desafios, contratempos e momentos de incerteza. No entanto, é a persistência - a determinação de continuar tentando, mesmo diante das dificuldades - que os capacita a superar esses obstáculos e alcançar os resultados desejados.

A persistência envolve continuar avançando, mesmo quando as coisas não saem como planejado. Isso significa estar disposto a aprender com os fracassos, ajustar as estratégias e persistir em direção aos objetivos, mesmo quando o caminho parece difícil.

Além disso, a persistência é fundamental para manter a motivação e o foco ao longo da jornada empreendedora. À medida que os empreendedores enfrentam desafios e contratempos, é fácil ficar desanimado e desistir. No entanto, os empreendedores persistentes são capazes de manter a determinação e a resiliência, concentrando-se nas metas de longo prazo e mantendo o olhar fixo no futuro.

Por fim, é importante destacar que a persistência muitas vezes é recompensada no mundo empreendedor. Os empreendedores persistentes são aqueles que alcançam o sucesso desejado, não porque têm todas as respostas ou são imunes ao fracasso, mas porque estão dispostos a continuar tentando, mesmo quando enfrentam adversidades.

Em resumo, a persistência é realmente a chave para alcançar o sucesso desejado no mundo empreendedor. É a qualidade que capacita os empreendedores a superar os obstáculos, a aprender com os fracassos e a perseverar em direção aos seus objetivos, independentemente das circunstâncias. Ao cultivarem uma mentalidade persistente, os empreendedores podem transformar desafios em oportunidades e alcançar grandes feitos em suas jornadas empreendedoras.

33

A determinação nos mantém focados em nossos objetivos

"A determinação nos mantém focados em nossos objetivos." Essa afirmação destaca a importância da determinação na jornada empreendedora, pois é essa qualidade que permite aos empreendedores manterem o foco e a direção em direção aos seus objetivos, mesmo diante de desafios e distrações.

Para os empreendedores, manter o foco nos objetivos é essencial para alcançar o sucesso desejado. Com tantas demandas e distrações no mundo dos negócios, é fácil perder de vista o que realmente importa. No entanto, é a determinação - a vontade inabalável de alcançar os objetivos estabelecidos - que os capacita a permanecerem comprometidos e concentrados em sua visão de longo prazo.

A determinação também desempenha um papel fundamental na superação de obstáculos e contratempos ao longo do caminho. À medida que os empreendedores enfrentam desafios e adversidades, é a determinação que os impulsiona a continuar avançando, mesmo quando as coisas parecem difíceis. Eles entendem que alcançar os objetivos desejados pode exigir tempo, esforço e perseverança, e estão dispostos a enfrentar os desafios que surgem em seu caminho.

Além disso, a determinação é uma qualidade que inspira e motiva outras pessoas ao redor dos empreendedores. Quando os outros veem a determinação de um empreendedor em alcançar seus objetivos, eles são inspirados a apoiar e colaborar com essa visão. A determinação cria um ambiente de trabalho positivo e energizado, onde todos estão alinhados em direção aos objetivos comuns.

Por fim, é importante destacar que a determinação não é apenas sobre alcançar os objetivos finais, mas também sobre desfrutar da jornada empreendedora. Os empreendedores determinados encontram significado e satisfação no processo de trabalhar em direção aos seus objetivos, e isso os mantém motivados e engajados ao longo do caminho.

Em resumo, a determinação é realmente essencial para os empreendedores manterem o foco em seus objetivos. É a qualidade que os capacita a superar desafios, a inspirar outros e a alcançar grandes feitos em suas jornadas empreendedoras.

34

A coragem de seguir em frente nos leva a novas descobertas

"A coragem de seguir em frente nos leva a novas descobertas." Essa afirmação destaca a importância da coragem na exploração de novos territórios, tanto no mundo empreendedor quanto na vida em geral. Ao enfrentar o desconhecido com determinação e bravura, os empreendedores são capazes de abrir portas para novas oportunidades e experiências significativas.

No mundo dos negócios, a coragem é frequentemente necessária para romper com a zona de conforto e buscar novos caminhos. Isso pode envolver desde lançar um novo produto ou serviço inovador até entrar em mercados desconhecidos ou adotar novas estratégias de negócios. A coragem de seguir em frente permite que os empreendedores enfrentem o medo do desconhecido e sigam em direção ao potencial de crescimento e sucesso.

Além disso, a coragem de seguir em frente muitas vezes leva a novas descobertas e aprendizados. Ao se aventurarem em territórios desconhecidos, os empreendedores têm a oportunidade de expandir seus horizontes, adquirir novos conhecimentos e experiências e descobrir insights valiosos que podem impulsionar o crescimento e a inovação em seus negócios.

A coragem também desempenha um papel fundamental na construção da confiança e autoestima dos empreendedores. Ao enfrentarem desafios e superarem obstáculos, eles desenvolvem uma maior confiança em suas próprias habilidades e capacidades. Isso os capacita a enfrentar novos desafios com coragem e determinação, sabendo que são capazes de lidar com o que quer que surja em seu caminho.

Por fim, é importante ressaltar que a coragem de seguir em frente não significa agir impulsivamente ou sem consideração. Pelo contrário, envolve uma análise cuidadosa dos riscos e recompensas envolvidos, seguida de ação decisiva e determinada. Os empreendedores corajosos são capazes de encontrar um equilíbrio entre o planejamento cuidadoso e a ação ousada, permitindo-lhes explorar novos horizontes com confiança e determinação.

35

A gratidão nos conecta com a abundância do universo

"A gratidão nos conecta com a abundância do universo." Essa afirmação destaca o poder transformador da gratidão não apenas em nossas vidas pessoais, mas também no mundo empreendedor. Ao reconhecer e apreciar as bênçãos, oportunidades e recursos disponíveis, os empreendedores podem cultivar uma mentalidade de abundância que os capacita a alcançar grandes feitos em suas jornadas.

A prática da gratidão permite que os empreendedores reconheçam e valorizem os recursos, talentos e oportunidades que têm à sua disposição. Isso cria uma mentalidade de abundância, onde os empreendedores percebem que têm tudo o que precisam para ter sucesso e prosperar em seus empreendimentos. Essa mentalidade de abundância os capacita a agir com confiança e determinação, sabendo que o universo está ao seu lado.

Além disso, a gratidão tem o poder de atrair mais abundância para a vida dos empreendedores. Ao se concentrarem no que têm e no que estão recebendo, em vez de se concentrarem no que falta, os empreendedores enviam uma poderosa mensagem ao universo de que estão abertos para receber mais. Isso pode abrir portas para novas oportunidades, parcerias e recursos que antes pareciam inatingíveis.

A prática da gratidão também promove uma mentalidade positiva e otimista, mesmo em face de desafios e contratempos. Os empreendedores gratos são capazes de enfrentar os desafios com resiliência e determinação, sabendo que têm muito pelo que serem gratos, mesmo nas circunstâncias mais difíceis. Isso os capacita a encontrar soluções criativas para os problemas e a manter o foco nas oportunidades de crescimento e sucesso que cada desafio apresenta.

Por fim, a gratidão promove um senso de conexão e propósito nos empreendedores. Ao reconhecerem e valorizarem as contribuições dos outros, eles cultivam relacionamentos positivos e colaborativos que podem impulsionar o crescimento e o sucesso de seus negócios. Eles entendem que são parte de algo maior do que eles mesmos e que têm o poder de fazer uma diferença positiva no mundo ao seu redor.

36

A resiliência é a capacidade de se adaptar e evoluir

"A resiliência é a capacidade de se adaptar e evoluir." Essa afirmação destaca a importância da resiliência como uma habilidade fundamental no mundo empreendedor. Resiliência refere-se à capacidade de lidar com adversidades, superar desafios e se adaptar às mudanças de forma eficaz, permitindo assim que os empreendedores evoluam e cresçam em meio a circunstâncias desafiadoras.

No ambiente empresarial, a resiliência é essencial porque os empreendedores frequentemente enfrentam uma variedade de obstáculos, desde dificuldades financeiras até concorrência acirrada e falhas nos negócios. Aqueles que são resilientes são capazes de enfrentar esses desafios com determinação e flexibilidade, adaptando suas estratégias e abordagens conforme necessário para superar as dificuldades.

Além disso, a resiliência permite aos empreendedores aprender e crescer com suas experiências. Em vez de se deixarem abater pelo fracasso ou pelas adversidades, os empreendedores resilientes são capazes de extrair lições valiosas de cada desafio enfrentado, usando esses aprendizados para melhorar suas habilidades, suas estratégias e seus negócios como um todo.

A resiliência também desempenha um papel crucial na gestão do estresse e da pressão associados ao empreendedorismo. Os empreendedores resilientes são capazes de lidar com a incerteza e a pressão de forma mais eficaz, mantendo a calma e a clareza de pensamento mesmo em momentos de crise. Isso lhes permite tomar decisões mais ponderadas e assertivas, mesmo sob circunstâncias desafiadoras.

Por fim, é importante ressaltar que a resiliência não é uma qualidade inata, mas sim uma habilidade que pode ser desenvolvida e aprimorada ao longo do tempo. Os empreendedores podem cultivar a resiliência através da prática de técnicas de gestão do estresse, do cultivo de uma mentalidade positiva e do desenvolvimento de redes de apoio sólidas, tanto pessoal quanto profissionalmente.

37

A persistência é a chave para superar os desafios da vida

"A persistência é a chave para superar os desafios da vida." Essa afirmação ressalta a importância fundamental da persistência na jornada pessoal e profissional. Em todas as áreas da vida, desde o empreendedorismo até o desenvolvimento pessoal, enfrentamos uma série de desafios que podem nos desencorajar e nos fazer querer desistir. No entanto, é a persistência - a determinação de continuar tentando, mesmo diante das dificuldades - que nos permite superar esses desafios e alcançar nossos objetivos.

Os desafios da vida podem assumir muitas formas, desde obstáculos pessoais e profissionais até adversidades imprevistas. Independentemente do tipo de desafio que enfrentamos, a persistência nos capacita a enfrentá-lo com coragem e determinação. Em vez de nos rendermos ao desespero ou à autocomiseração, persistimos, buscando soluções criativas e alternativas para superar os obstáculos que surgem em nosso caminho.

Além disso, a persistência nos ajuda a desenvolver resiliência - a capacidade de nos recuperarmos e nos adaptarmos diante de dificuldades. Ao enfrentarmos e superarmos desafios com persistência, fortalecemos nossa resiliência emocional e mental, o que nos torna mais capazes de lidar com os desafios futuros que inevitave mente surgirão em nossas vidas.

A persistência também desempenha um papel crucial no desenvolvimento de habilidades e no alcance ce objetivos de longo prazo. Ao persistirmos em nossos esforços, mesmo quando as coisas parecem difíceis, construímos habilidades, conhecimentos e experiências que nos aproximam cada vez mais de nossos objetivos. Cada desafio superado nos torna mais fortes e mais preparados para enfrentar os próximos desafios que encontrarmos em nosso caminho.

Por fim, é importante lembrar que a persistência não significa simplesmente continuar fazendo as mesmas coisas repetidamente na esperança de obter resultados diferentes. Em vez disso, envolve aprender com nossas experiências, ajustar nossa abordagem conforme necessário e continuar avançando em direção aos nossos objetivos com determinação renovada.

38

A determinação nos impulsiona a alcançar novas alturas

"A determinação nos impulsiona a alcançar novas alturas." Essa frase destaca o papel fundamental da determinação na busca por realizações significativas e no alcance de metas desafiadoras. Determinação é a qualidade que capacita os indivíduos a manterem o foco, a persistência e a vontade de seguir em frente, mesmo diante de obstáculos e adversidades.

Para os empreendedores, a determinação é uma força motriz que os impulsiona a perseguir seus sonhos e objetivos mais ambiciosos. É a determinação que os mantém firmes em sua visão, mesmo quando enfrentam contratempos e críticas. Ela os capacita a superar desafios, a aprender com os erros e a continuar avançando em direção ao sucesso.

A determinação também é essencial para enfrentar os desafios e as incertezas que acompanham a busca por novas alturas. À medida que os empreendedores se esforçam para alcançar seus objetivos, eles inevitavelmente encontrarão obstáculos e contratempos ao longo do caminho. No entanto, é a determinação que os impulsiona a perseverar, a encontrar soluções criativas e a seguir em frente, mesmo quando o caminho parece difícil.

Além disso, a determinação alimenta a ambição e o desejo de crescimento pessoal e profissional. Os empreendedores determinados estão constantemente buscando novas oportunidades de aprendizado e crescimento, sempre desafiando-se a alcançar novos patamares de excelência. Eles não se contentam com a mediocridade, mas sim se esforçam para alcançar o melhor de si mesmos em tudo o que fazem.

Por fim, a determinação é uma qualidade inspiradora que motiva os outros ao redor dos empreendedores. Ao testemunhar a determinação e o comprometimento de um empreendedor, as pessoas são inspiradas a perseguir seus próprios objetivos e acreditar em seu potencial para alcançar grandes feitos.

39

A coragem de enfrentar o desconhecido nos leva a novas oportunidades

"A coragem de enfrentar o desconhecido nos leva a novas oportunidades." Essa afirmação ressalta a importância de ter coragem para explorar o desconhecido e buscar oportunidades que estão além da zona de conforto. Para os empreendedores, em particular, a disposição de enfrentar o desconhecido é muitas vezes o que os diferencia e os capacita a descobrir novos caminhos para o sucesso.

Ao enfrentar o desconhecido, os empreendedores abrem portas para oportunidades que de outra forma poderiam permanecer ocultas. Isso pode envolver desde explorar novos mercados e nichos até lançar produtos inovadores ou adotar tecnologias emergentes. A coragem de enfrentar o desconhecido permite que os empreendedores vejam além das limitações do presente e imaginem um futuro repleto de possibilidades.

Além disso, a coragem de enfrentar o desconhecido é muitas vezes acompanhada por uma disposição para assumir riscos calculados. Os empreendedores corajosos entendem que o sucesso muitas vezes requer sair da zona de conforto e arriscar o desconhecido. Eles estão dispostos a enfrentar o medo do fracasso e a se aventurar em territórios desconhecidos em busca de oportunidades que valham a pena.

A coragem de enfrentar o desconhecido também é uma fonte de crescimento pessoal e profissional. Ao se desafiarem a explorar novos territórios e enfrentar desafios desconhecidos, os empreendedores desenvolvem habilidades de resolução de problemas, adaptabilidade e aprendizado rápido. Essas habilidades são inestimáveis em um mundo empresarial em constante mudança e evolução.

Por fim, a coragem de enfrentar o desconhecido é uma fonte de inspiração para os outros ao redor dos empreendedores. Ao testemunhar a coragem e a determinação de um empreendedor em buscar novas oportunidades, as pessoas são motivadas a seguir seus próprios sonhos e acreditar em seu potencial para alcançar grandes feitos.

40

A gratidão nos conecta com a verdadeira essência da vida

"A gratidão nos conecta com a verdadeira essência da vida." Essa afirmação destaca o poder transformador da gratidão em nossa jornada pessoal e empreendedora, levando-nos a uma compreensão mais profunda e significativa do que realmente importa na vida.

Ao cultivar a gratidão, os empreendedores são levados a apreciar as bênçãos e as oportunidades que permeiam suas vidas diárias. Isso os conecta com a verdadeira essência da vida, levando-os a valorizar não apenas as conquistas materiais, mas também os relacionamentos, as experiências e os momentos de crescimento pessoal.

Além disso, a gratidão nos ajuda a encontrar beleza e significado mesmo nas pequenas coisas. À medida que os empreendedores praticam a gratidão, eles começam a reconhecer e a apreciar as alegrias simples da vida, como um sorriso caloroso, um gesto de gentileza ou um momento de quietude e reflexão. Isso os ajuda a encontrar contentamento e satisfação no presente, independentemente das circunstâncias externas.

A gratidão também nos ajuda a cultivar uma mentalidade positiva e otimista, mesmo diante de desafios e adversidades. Em vez de se concentrarem no que falta ou no que deu errado, os empreendedores gratos concentram sua energia nas coisas pelas quais são gratos, o que os capacita a enfrentar os desafios com resiliência e determinação.

Por fim, a gratidão nos lembra da interconexão de todas as coisas e da importância de contribuir positivamente para o mundo ao nosso redor. Os empreendedores gratos reconhecem o apoio e as contribuições dos outros em sua jornada para o sucesso, levando-os a retribuir e a fazer a diferença na vida de outras pessoas.

Em resumo, a gratidão é realmente uma força poderosa que nos conecta com a verdadeira essência da vida. Ao praticarmos a gratidão em nossas vidas pessoais e em nossos empreendimentos, somos levados a uma compreensão mais profunda e significativa do que realmente importa, encontrando alegria, propósito e realização em cada momento da jornada empreendedora.

41

A resiliência é a força que nos permite superar qualquer obstáculo

"A resiliência é a força que nos permite superar qualquer obstáculo." Essa afirmação destaca o papel fundamental da resiliência na capacidade de enfrentar e superar os desafios que encontramos ao longo de nossas vidas e jornadas empreendedoras. Resiliência refere-se à nossa capacidade de nos adaptarmos, nos recuperarmos e nos fortalecermos diante de adversidades, permitindo-nos continuar avançando, mesmo quando enfrentamos obstáculos aparentemente insuperáveis.

No mundo dos negócios, os empreendedores enfrentam uma série de desafios, desde a concorrência acirrada até problemas financeiros e fracassos temporários. É a resiliência que lhes permite lidar com esses desafios de forma eficaz, mantendo a determinação e a esperança, mesmo quando as coisas parecem difíceis. Em vez de se deixarem abater pelo fracasso ou pelas dificuldades, os empreendedores resilientes encontram maneiras de se adaptar, aprender com suas experiências e seguir em frente com renovada força e determinação.

A resiliência também desempenha um papel crucial na gestão do estresse e da pressão associados ao empreendedorismo. Os empreendedores resilientes são capazes de enfrentar a incerteza e a adversidade com calma e clareza de pensamento, encontrando soluções criativas para os problemas e tomando decisões assertivas mesmo sob pressão.

Além disso, a resiliência promove o crescimento pessoal e profissional. Ao enfrentar e superar desafios, os empreendedores desenvolvem uma maior confiança em suas próprias habilidades e capacidades, além de adquirirem novas habilidades e conhecimentos ao longo do caminho. Eles aprendem a se adaptar às mudanças, a se recuperar rapidamente dos contratempos e a usar suas experiências para impulsionar seu crescimento e sucesso futuros.

Por fim, é importante destacar que a resiliência não é uma qualidade inata, mas sim uma habilidade que pode ser desenvolvida e fortalecida ao longo do tempo. Os empreendedores podem cultivar a resiliência através da prática de técnicas de gestão do estresse, do cultivo de uma mentalidade positiva e do desenvolvimento de redes de apoio sólidas, tanto pessoal quanto profissionalmente.

42

A persistência é a chave para alcançar a excelência em tudo que fazemos

"A persistência é a chave para alcançar a excelência em tudo que fazemos." Essa afirmação destaca a importância fundamental da persistência na busca pela excelência e pelo sucesso em todas as áreas da vida. A persistência é a qualidade que capacita os indivíduos a continuarem avançando em direção aos seus objetivos, mesmo quando enfrentam desafios e contratempos ao longo do caminho.

No mundo empreendedor, a persistência é essencial para superar os obstáculos e alcançar resultados significativos. Os empreendedores persistentes são aqueles que não desistem diante das dificuldades, mas sim mantêm-se comprometidos com seus objetivos, perseverando mesmo quando as coisas parecem difíceis. Eles entendem que o caminho para o sucesso muitas vezes é marcado por altos e baixos, mas estão dispostos a continuar avançando, aprendendo com os fracassos e ajustando suas estratégias conforme necessário.

Além disso, a persistência é fundamental para alcançar a excelência porque envolve dedicar tempo, esforço e energia consistentes para aprimorar as habilidades e alcançar os objetivos desejados. Os empreendedores persistentes não se contentam com a mediocridade, mas sim se esforçam para alcançar o melhor de si mesmos em tudo o que fazem. Eles estão dispostos a praticar e aperfeiçoar suas habilidades, a buscar feedback e orientação, e a persistir mesmo quando o progresso parece lento.

A persistência também desempenha um papel crucial na construção da confiança e autoestima dos empreendedores. À medida que persistem em seus esforços e superam desafios ao longo do tempo, eles desenvolvem uma maior confiança em suas próprias habilidades e capacidades. Isso os capacita a enfrentar novos desafios com coragem e determinação, sabendo que são capazes de superar qualquer obstáculo que surja em seu caminho.

Por fim, é importante destacar que a persistência não significa simplesmente continuar fazendo as mesmas coisas repetidamente, esperando obter resultados diferentes. Em vez disso, envolve aprender com as experiências, ajustar as estratégias conforme necessário e continuar avançando com determinação renovada. Os empreendedores persistentes são flexíveis e adaptáveis, capazes de se ajustar às mudanças e responder aos desafios de forma eficaz.

43

A determinação nos inspira a superar os limites que nos são impostos

"A determinação nos inspira a superar os limites que nos são impostos." Essa afirmação destaca o poder da determinação em capacitar os indivíduos a transcenderem as limitações e alcançarem resultados extraordinários. A determinação é uma qualidade que impulsiona os empreendedores a desafiarem as expectativas e a superarem obstáculos, mesmo quando enfrentam adversidades ou são confrontados com limitações externas.

No mundo empreendedor, a determinação é essencial para superar os limites que muitas vezes são impostos pelo ambiente, pela concorrência ou pelas circunstâncias. Os empreendedores determinados são movidos por uma vontade inabalável de alcançar seus objetivos, mesmo quando parecem inatingíveis ou quando enfrentam barreiras significativas. Eles se recusam a aceitar um "não" como resposta e estão dispostos a buscar soluções criativas e alternativas para alcançar o sucesso.

Além disso, a determinação nos capacita a enfrentar os desafios pessoais e internos que podem nos impedir de alcançar nosso pleno potencial. Os empreendedores determinados reconhecem que o maior obstáculo muitas vezes reside dentro de si mesmos - seja o medo do fracasso, a autodúvida ou a falta de confiança. No entanto, eles estão determinados a superar esses obstáculos, desenvolvendo uma mentalidade resiliente e cultivando uma crença inabalável em suas próprias habilidades e capacidades.

A determinação também é uma fonte de inspiração para os outros ao redor dos empreendedores. Ao testemunhar a determinação e o comprometimento de um empreendedor em superar os limites, as pessoas são motivadas a desafiar seus próprios limites e a acreditar em seu potencial para alcançar grandes feitos. A determinação de um indivíduo pode inspirar toda uma equipe ou comunidade a trabalhar em direção a objetivos ambiciosos e compartilhados.

Por fim, é importante destacar que a determinação não é apenas sobre alcançar os objetivos finais, mas também sobre desfrutar da jornada empreendedora e do processo de crescimento pessoal que ela proporciona. Os empreendedores determinados encontram significado e satisfação no desafio de superar limites e em expandir seus horizontes, mesmo quando enfrentam dificuldades ao longo do caminho.

44

A coragem de arriscar nos leva a lugares que nunca imaginamos

"A coragem de arriscar nos leva a lugares que nunca imaginamos." Essa afirmação destaca o papel fundamental da coragem na busca por novas oportunidades, experiências e conquistas. Para os empreendedores, em particular, a disposição de assumir riscos calculados é muitas vezes o que os impulsiona a alcançar novos patamares de sucesso e inovação.

Ao arriscar, os empreendedores se aventuram fora de suas zonas de conforto e exploram territórios desconhecidos. Isso pode envolver desde lançar um novo produto ou serviço até expandir para novos mercados ou adotar tecnologias emergentes. A coragem de arriscar os leva a lugares que nunca imaginaram, abrindo portas para oportunidades inesperadas e experiências transformadoras.

Além disso, a coragem de arriscar é frequentemente acompanhada por uma disposição para aprender e crescer com as experiências. Os empreendedores corajosos entendem que o fracasso é uma possibilidade ao assumir riscos, mas estão dispostos a aceitar esse risco em troca das recompensas potenciais que podem surgir. Eles veem o fracasso como uma oportunidade de aprendizado e crescimento, em vez de um obstáculo intransponível.

A coragem de arriscar também é uma fonte de inspiração para os outros ao redor dos empreendedores. Ao testemunhar a coragem e a determinação de um empreendedor em assumir riscos, as pessoas são motivadas a desafiar seus próprios limites e a explorar novas possibilidades em suas próprias vidas. A coragem de um indivíduo pode inspirar toda uma comunidade a buscar o potencial não realizado e a perseguir seus sonhos mais ousados.

Por fim, é importante ressaltar que a coragem de arriscar não significa agir de forma imprudente ou irresponsável. Em vez disso, envolve uma análise cuidadosa dos riscos e recompensas envolvidos, seguida de uma ação decidida e determinada. Os empreendedores corajosos são capazes de encontrar um equilíbrio entre a prudência e a ousadia, permitindo-lhes assumir riscos de forma inteligente e estratégica.

45

A gratidão é a base para construir relacionamentos sólidos e duradouros

"A gratidão é a base para construir relacionamentos sólidos e duradouros." Essa afirmação destaca o poder transformador da gratidão na criação e no fortalecimento dos aços interpessoais, sejam eles pessoais ou profissionais. A gratidão é uma expressão de apreciação e reconhecimento pelo que os outros fazem por nós, e quando cultivada, ela estabelece uma base sólida para conexões autênticas e duradouras.

Nos relacionamentos empresariais, demonstrar gratidão pode ser uma estratégia poderosa para construir e manter parcerias sólidas. Ao expressar gratidão pelo trabalho árduo, pela colaboração e pelo apoio dos colegas, colaboradores e parceiros de negócios, os empreendedores fortalecem os laços de confiança e respeito mútuo. Isso cria um ambiente de trabalho positivo e produtivo, onde todos se sentem valorizados e reconhecidos pelo seu trabalho.

Além disso, a gratidão fortalece os relacionamentos pessoais, familiares e sociais, criando um senso de união e conexão entre as pessoas. Quando expressamos gratidão aos nossos entes queridos por seu apoio, amor e presença em nossas vidas, fortalecemos os laços emocionais e criamos um ambiente de confiança e apoio mútuo. Isso promove um sentido de pertencimento e bem-estar dentro dos relacionamentos, contribuindo para sua longevidade e solidez.

A prática da gratidão também promove um ciclo positivo de generosidade e bondade. Quando expressamos gratidão aos outros, muitas vezes eles se sentem inspirados a retribuir de maneira semelhante, criando uma atmosfera de positividade e reciprocidade. Isso fortalece ainda mais os relacionamentos e promove um ambiente de colaboração e cooperação em todas as áreas da vida.

Por fim, a gratidão nos ajuda a manter uma perspectiva positiva, mesmo diante dos desafios e dificuldades. Ao reconhecer e apreciar as bênçãos e os momentos de alegria em nossas vidas, somos capazes de superar os momentos difíceis com mais resiliência e determinação. Isso nos permite enfrentar os desafios dos relacionamentos com compaixão e empatia, fortalecendo ainda mais os laços interpessoais.

46

A resiliência nos torna mais resilientes diante das adversidades

"A resiliência nos torna mais resilientes diante das adversidades." Esta frase enfatiza a capacidade da resiliência em fortalecer ainda mais nossa capacidade de enfrentar e superar os desafios que surgem em nossas vidas. A resiliência é a habilidade de se adaptar e se recuperar rapidamente frente a situações difíceis, traumas ou estresses, e quanto mais desenvolvemos essa capacidade, mais preparados estamos para lidar com as adversidades que encontramos ao longo do caminho.

Quanto mais enfrentamos e superamos desafios com sucesso, mais confiantes e resilientes nos tornamos. Cada vez que nos deparamos com uma dificuldade e a superamos, fortalecemos nossa resiliência emocional e mental. Esse processo nos ensina lições valiosas sobre nossa própria capacidade de enfrentar dificuldades e nos ajuda a desenvolver estratégias eficazes para lidar com situações semelhantes no futuro.

Além disso, a resiliência nos ajuda a desenvolver uma mentalidade mais positiva e adaptável. Em vez de nos deixarmos abater pelo fracasso ou pela adversidade, aprendemos a ver essas situações como oportunidades de crescimento e aprendizado. Essa mentalidade nos permite enfrentar os desafios com mais coragem e determinação, sabendo que somos capazes de nos recuperar e seguir em frente, independentemente do que aconteça.

A resiliência também fortalece nossos relacionamentos interpessoais. Quando somos resilientes, somos capazes de oferecer apoio e conforto aos outros durante momentos difíceis, e também de buscar apoio quando precisamos. Isso fortalece os laços de confiança e empatia entre as pessoas, criando uma rede de suporte que nos ajuda a enfrentar os desafios com mais facilidade.

Por fim, a resiliência nos ajuda a manter um senso de esperança e otimismo, mesmo nas situações mais difíceis. Sabemos que, independentemente do que aconteça, somos capazes de superar as adversidades e encontrar uma maneira de seguir em frente. Isso nos dá a força e a determinação necessárias para continuar avançando em direção aos nossos objetivos, mesmo quando o caminho parece difícil.

47

A persistência é a chave para abrir as portas do sucesso

"A persistência é a chave para abrir as portas do sucesso." Essa afirmação ressalta a importância da persistência na jornada empreendedora e na busca por alcançar os objetivos desejados. A persistência é a qualidade que capacita os indivíduos a continuarem avançando em direção aos seus sonhos e aspirações, mesmo diante de obstáculos e contratempos.

No mundo empreendedor, a persistência é essencial para superar os desafios e alcançar o sucesso. Os empreendedores persistentes são aqueles que não desistem diante das dificuldades, mas sim mantêm-se firmes em sua determinação de alcançar seus objetivos, não importa o quão árduo seja o caminho. Eles entendem que o sucesso muitas vezes requer tempo, esforço e dedicação consistentes, e estão dispostos a investir o que for necessário para alcançá-lo.

Além disso, a persistência é fundamental para aproveitar ao máximo as oportunidades que surgem ao longo do caminho. Os empreendedores persistentes estão sempre atentos a novas oportunidades de crescimento e aprendizado, e não hesitam em buscar essas oportunidades com determinação e comprometimento. Eles entendem que cada obstáculo superado e cada desafio enfrentado os aproxima um passo mais perto de alcançar seus objetivos, e estão dispostos a perseverar até o fim.

A persistência também desempenha um papel crucial na construção da confiança e autoestima dos empreendedores. À medida que persistem em seus esforços e superam desafios ao longo do tempo, eles desenvolvem uma maior confiança em suas próprias habilidades e capacidades. Isso os capacita a enfrentar novos desafios com coragem e determinação, sabendo que são capazes de superar qualquer obstáculo que surja em seu caminho.

Por fim, é importante destacar que a persistência não significa simplesmente continuar fazendo as mesmas coisas repetidamente, esperando obter resultados diferentes. Em vez disso, envolve aprender com as experiências, ajustar as estratégias conforme necessário e continuar avançando com determinação renovada. Os empreendedores persistentes são flexíveis e adaptáveis, capazes de se ajustar às mudanças e responder aos desafios de forma eficaz.

48

A determinação nos guia pelo caminho da realização pessoal

"A determinação nos guia pelo caminho da realização pessoal." Essa afirmação destaca o papel fundamental da determinação na busca por alcançar nossos objetivos mais significativos e na realização pessoal e profissional. A determinação é a qualidade que nos impulsiona a permanecer focados e comprometidos com nossas metas, mesmo diante de desafios e obstáculos ao longo do caminho.

No contexto empreendedor, a determinação é essencial para seguir em frente e superar as dificuldades que surgem durante a jornada. Os empreendedores determinados são aqueles que não se deixam desanimar pelas adversidades, mas sim mantêm uma visão clara de seus objetivos e estão dispostos a fazer o que for necessário para alcançá-los. Eles entendem que o caminho para o sucesso pode ser árduo e cheio de obstáculos, mas estão determinados a persistir até atingirem seus sonhos.

Além disso, a determinação nos ajuda a superar os momentos de autodúvida e incerteza que podem surgir ao longo do caminho. Quando enfrentamos desafios ou fracassos, a determinação nos impulsiona a continuar acreditando em nossas capacidades e a perseverar em direção aos nossos objetivos. Ela nos dá a força interior necessária para seguir em frente, mesmo quando parece mais fácil desistir.

A determinação também nos capacita a assumir riscos calculados e a sair da zona de conforto em busca de crescimento e desenvolvimento pessoal. Ao estabelecer metas desafiadoras e nos comprometermos a alcançá-las, expandimos nossos limites e descobrimos novas habilidades e talentos dentro de nós mesmos. A determinação nos guia pelo caminho da realização pessoal, nos ajudando a alcançar nosso pleno potencial e a viver uma vida significativa e gratificante.

Por fim, a determinação é contagiosa e inspiradora para os outros ao nosso redor. Quando demonstramos uma determinação inabalável em busca de nossos objetivos, inspiramos aqueles ao nosso redor a fazerem o mesmo em suas próprias vidas. Nossas ações e exemplo podem motivar e encorajar outros a perseguirem seus sonhos e acreditarem em si mesmos.

49

A coragem de enfrentar o medo nos leva a novas conquistas

"A coragem de enfrentar o medo nos leva a novas conquistas." Essa afirmação ressalta o poder transformador da coragem em nossa jornada pessoal e empreendedora, levando-nos a explorar novos territórios e a alcançar objetivos que anteriormente pareciam inatingíveis. A coragem não é a ausência de medo, mas sim a capacidade de agir apesar dele, e quando enfrentamos nossos medos de frente, abrimos portas para oportunidades emocionantes e realizações significativas.

No mundo empreendedor, a coragem é uma qualidade essencial para superar os desafios e avançar em direção ao sucesso. Os empreendedores corajosos são aqueles que não permitem que o medo os impeça de perseguir seus sonhos e objetivos. Eles entendem que o crescimento pessoal e profissional muitas vezes requer enfrentar situações desconfortáveis e desafiadoras, e estão dispostos a assumir esses desafios com coragem e determinação.

Ao enfrentar o medo, os empreendedores abrem caminho para a inovação e a criatividade. Eles estão dispostos a correr riscos calculados e a sair da zona de conforto em busca de novas ideias e oportunidades. Isso os coloca em uma posição privilegiada para descobrir soluções inovadoras e para se destacar em um mercado competitivo.

Além disso, a coragem de enfrentar o medo fortalece nossa confiança e autoestima. Cada vez que enfrentamos e superamos nossos medos, desenvolvemos uma maior confiança em nossas próprias habilidades e capacidades. Isso nos capacita a enfrentar desafios futuros com mais coragem e determinação, sabendo que somos capazes de superar qualquer obstáculo que surja em nosso caminho.

A coragem de enfrentar o medo também nos permite alcançar novas alturas em nossa jornada pessoal e empreendedora. Ao nos desafiarmos e enfrentarmos nossos medos, descobrimos novas habilidades, talentos e oportunidades que podem nos levar a conquistas que antes pareciam impossíveis. Isso nos inspira a continuar crescendo e evoluindo, em busca de nosso pleno potencial.

50

A gratidão nos ensina a valorizar as pequenas coisas da vida

"A gratidão nos ensina a valorizar as pequenas coisas da vida." Essa afirmação destaca o poder transformador da gratidão em nossa perspectiva e apreciação das experiências cotidianas. Quando praticamos a gratidão, aprendemos a reconhecer e a valorizar as bênçãos que temos em nossas vidas, independentemente de quão grandes ou pequenas possam parecer.

No contexto empreendedor, a prática da gratidão pode ter um impacto significativo no bem-estar e no desempenho dos empreendedores. Ao cultivar um senso de gratidão, os empreendedores podem desenvolver uma mentalidade mais positiva e resiliente, permitindo-lhes enfrentar os desafios do empreendedorismo com mais confiança e determinação.

A gratidão também pode fortalecer os relacionamentos interpessoais no ambiente de trabalho. Quando os empreendedores expressam gratidão pelos esforços e contribuições de seus colegas, criam um ambiente de trabalho mais colaborativo e solidário. Isso promove um senso de camaradagem e apoio mútuo, melhorando o moral da equipe e impulsionando o desempenho geral.

Além disso, a gratidão nos ajuda a manter uma perspectiva equilibrada diante dos altos e baixos do empreendedorismo. Ao reconhecer e apreciar as pequenas vitórias e conquistas ao longo do caminho, os empreendedores podem se manter motivados e inspirados, mesmo durante os momentos mais desafiadores. Isso os ajuda a manter o foco em seus objetivos e a perseverar em direção ao sucesso, independentemente dos obstáculos que possam surgir.

Por fim, a gratidão nos ajuda a cultivar um maior senso de felicidade e satisfação em nossas vidas. Ao focarmos em tudo o que temos a agradecer, em vez de nos concentrarmos no que nos falta, somos capazes de encontrar mais alegria e contentamento no presente. Isso nos permite viver com mais gratidão, apreciando cada momento e experiência como uma dádiva preciosa.

51

A resiliência é a força que nos mantém firmes diante das dificuldades

"A resiliência é a força que nos mantém firmes diante das dificuldades." Essa afirmação destaca a importância da resiliência como uma qualidade essencial para enfrentar os desafios da vida com coragem, determinação e flexibilidade. A resiliência é a capacidade de se adaptar e se recuperar de situações adversas, mantendo-se forte e perseverante mesmo diante das dificuldades.

No contexto empreendedor, a resiliência desempenha um papel crucial na capacidade dos empreendedores de superar os obstáculos e alcançar o sucesso. Os desafios são inevitáveis no mundo dos negócios, e os empreendedores resilientes são capazes de enfrentá-los com resolução e tenacidade. Eles entendem que enfrentar dificuldades faz parte do processo de crescimento e desenvolvimento, e estão preparados para lidar com elas de forma construtiva.

A resiliência também é fundamental para manter o foco e a motivação durante os períodos difíceis. Quando os empreendedores enfrentam reveses ou fracassos, a resiliência lhes permite aprender com essas experiências e seguir em frente com determinação renovada. Eles veem os contratempos como oportunidades de crescimento e estão dispostos a enfrentar desafios com uma atitude positiva e proativa.

Além disso, a resiliência fortalece os relacionamentos interpessoais no ambiente de trabalho. Os empreendedores resilientes são capazes de inspirar e motivar suas equipes, mesmo durante os momentos mais difíceis. Sua capacidade de lidar com o estresse e a pressão de forma construtiva cria um ambiente de trabalho mais positivo e produtivo, onde todos se sentem apoiados e encorajados a dar o melhor de si.

Por fim, a resiliência é uma fonte de força interior que nos permite enfrentar as incertezas e os desafios da vida com coragem e determinação. Ao desenvolvermos a resiliência, somos capazes de nos adaptar às mudanças e superar as adversidades, emergindo mais fortes e mais preparados para enfrentar os desafios que surgem em nosso caminho.

52

A persistência é a chave para desbloquear nosso potencial máximo

"A persistência é a chave para desbloquear nosso potencial máximo." Essa afirmação destaca a importância da persistência como um elemento fundamental no processo de alcançar o melhor de nós mesmos e realizar nossos objetivos mais ambiciosos. A persistência é a qualidade que nos capacita a continuar avançando em direção aos nossos sonhos, mesmo diante de obstáculos e contratempos.

No contexto empreendedor, a persistência é uma qualidade essencial para o sucesso a longo prazo. Os empreendedores persistentes são aqueles que não desistem facilmente diante dos desafios e fracassos, mas sim mantêm-se firmes em sua determinação de alcançar seus objetivos. Eles entendem que o caminho para o sucesso é muitas vezes difícil e cheio de contratempos, mas estão dispostos a perseverar até atingirem seus objetivos.

Além disso, a persistência nos ajuda a superar a procrastinação e a manter o foco em nossos objetivos de longo prazo. Quando somos persistentes em nossos esforços, estamos mais propensos a superar a preguiça e a resistência que podem surgir ao longo do caminho. Isso nos permite permanecer consistentes em nossas ações e avançar em direção aos nossos objetivos, mesmo quando a motivação inicial diminui.

A persistência também nos ajuda a desenvolver resiliência e autoconfiança. Cada vez que persistimos diante de um desafio ou fracasso, fortalecemos nossa confiança em nossas próprias habilidades e capacidades. Isso nos torna mais resilientes diante das adversidades e nos capacita a enfrentar futuros desafios com mais determinação e confiança.

Por fim, a persistência nos ajuda a alcançar nosso potencial máximo, permitindo-nos continuar avançando em direção aos nossos objetivos mesmo quando enfrentamos dificuldades. Quando persistimos em nossos esforços, somos capazes de desenvolver habilidades e alcançar conquistas que nunca imaginamos serem possíveis. Isso nos permite realizar nosso pleno potencial e viver uma vida de realização e significado.

53

A determinação nos impulsiona a superar os desafios que surgem

"A determinação nos impulsiona a superar os desafios que surgem." Esta afirmação destaca o papel crucial da determinação como uma força motriz que nos capacita a enfrentar e superar os obstáculos que encontramos ao longo de nossas jornadas. A ceterminação é a qualidade que nos mantém focados em nossos objetivos, nos impelindo a perseverar, mesmo diante das adversidades.

No contexto empreendedor, a determinação é fundamental para enfrentar os desafios inerentes ao mundo dos negócios. Os empreendedores determinados são aqueles que não se deixam abater por contratempos ou fracassos, mas sim permanecem firmes em sua resolução de alcançar o sucesso. Eles encaram os desafios como oportunidades de aprendizado e crescimento, e estão dispostos a fazer o que for necessário para superá-los.

Além disso, a determinação nos capacita a manter uma mentalidade positiva e proativa diante dos desafios. Em vez de nos deixarmos dominar pelo desânimo ou pela autodúvida a determinação nos motiva a buscar soluções e ações construtivas para enfrentar os problemas que surgem em nosso caminho. Isso nos permite transformar os desafios em oportunidades de crescimento e fortalecimento pessoal e profissional.

A determinação também desempenha um papel crucial na construção da resiliência. Quanto mais determinados somos em superar os desafios, mais resilientes nos tornamos diante das adversidades. Desenvolvemos uma maior capacidade de lidar com o estresse e a pressão, e nos tornamos mais aptos a nos recuperar rapidamente de contratempos e a seguir em frente com renovada determinação.

Por fim, a determinação nos impulsiona a alcançar nossos objetivos mais ambiciosos e a realizar nosso pleno potencial. Quando somos determinados em perseguir nossos sonhos, estamos mais propensos a ultrapassar nossos próprios limites e a alcançar realizações que antes pareciam inatingíveis. Isso nos dá um senso de realização e satisfação pessoal, e nos inspira a continuar avançando em busca de novos desafios e conquistas.

54

O confronto é opcional

"O confronto é opcional" ressalta a ideia de que, em situações de conflito ou desentendimento, é possível escolher como lidar com a situação. Essa frase enfatiza a importância da comunicação eficaz, da empatia e da busca por soluções colaborativas, em vez de simplesmente reagir com hostilidade ou confrontação.

Para os empreendedores, essa ideia é especialmente relevante, pois eles frequentemente lidam com uma variedade de situações que podem envolver conflitos, como negociações com clientes, gerenciamento de equipes ou parcerias comerciais. Em vez de responder imediatamente com confronto ou agressão, os empreendedores são incentivados a considerar abordagens mais construtivas, como o diálogo aberto, a busca por entendimento mútuo e a colaboração para encontrar soluções que beneficiem todas as partes envolvidas.

Além disso, "o confronto é opcional" também destaca a importância do autocontrole e da inteligência emocional. Os empreendedores são encorajados a controlar suas próprias emoções e reações, mesmo em situações desafiadoras, e a abordar os conflitos com calma, respeito e diplomacia.

Em resumo, essa frase é um lembrete para os empreendedores sobre a importância de escolher estrategicamente como lidar com conflitos e desentendimentos. Ao adotar uma abordagem colaborativa e centrada na resolução de problemas, os empreendedores podem construir relacionamentos mais fortes, evitar conflitos desnecessários e promover um ambiente de trabalho positivo e produtivo.

55

A gratidão nos conecta com a energia positiva do universo

"A gratidão nos conecta com a energia positiva do universo." Essa afirmação ressalta o poder transformador da gratidão em nossa vida e em nossas interações com o mundo ao nosso redor. Quando cultivamos um coração grato e apreciamos as bênçãos e experiências positivas que recebemos, estamos sintonizando com uma energia positiva que permeia o universo.

No contexto empreendedor, a prática da gratidão pode ter um impacto significativo no sucesso e no bem-estar dos empreendedores. Ao expressarmos gratidão pelas oportunidades, pelos relacionamentos, pelas conquistas e pelas lições aprendidas ao longo de nossa jornada empreendedora, estamos abrindo espaço para mais abundância e positividade em nossas vidas e negócios.

A gratidão também nos ajuda a manter uma mentalidade positiva e resiliente diante dos desafios e contratempos. Ao reconhecermos e valorizarmos o que já temos, mesmo enquanto trabalhamos para alcançar mais, somos capazes de enfrentar os desafios com mais coragem e determinação. Isso nos permite transformar os obstáculos em oportunidades de crescimento e aprendizado, em vez de nos deixarmos abater pelo desânimo ou pelo pessimismo.

Além disso, a gratidão fortalece os relacionamentos interpessoais e promove um ambiente de trabalho mais colaborativo e harmonioso. Quando expressamos gratidão pelos esforços e contribuições de nossa equipe, estamos construindo uma cultura organizacional baseada no reconhecimento e na valorização mútua. Isso promove a confiança, a lealdade e o engajamento dos colaboradores, criando um ambiente propício para o crescimento e o sucesso.

Por fim, a gratidão nos ajuda a cultivar uma atitude de abundância e prosperidade, atraindo mais coisas positivas para nossas vidas. Quando estamos abertos e receptivos às bênçãos e oportunidades que o universo nos oferece, estamos alinhando nossa energia com a energia positiva do universo, criando um ciclo de gratidão e abundância que se perpetua.

56

A resiliência nos torna mais fortes diante das adversidades da vida

"A resiliência nos torna mais fortes diante das adversidades da vida." Essa afirmação destaca o poder transformador da resiliência em nossa capacidade de enfrentar e superar os desafios que surgem ao longo de nossas jornadas. A resiliência é a qualidade que nos permite adaptar, recuperar e até mesmo crescer diante de situações difíceis ou traumáticas.

No contexto empreendedor, a resiliência é uma característica crucial para enfrentar os altos e baixos do mundo dos negócios. Os empreendedores resilientes são capazes de lidar com a incerteza, a pressão e a adversidade de forma construtiva, mantendo-se firmes em sua determinação de alcançar o sucesso. Eles veem os obstáculos como oportunidades de aprendizado e crescimento, e estão dispostos a persistir mesmo diante das dificuldades.

Além disso, a resiliência fortalece nossa capacidade de lidar com o estresse e a pressão. Quando somos resilientes, somos capazes de enfrentar os desafios com calma, clareza e determinação, em vez de nos deixarmos dominar pelo medo ou pela ansiedade. Isso nos permite tomar decisões mais assertivas e eficazes, mesmo em situações difíceis.

A resiliência também fortalece nossa autoconfiança e autoestima. Quando superamos os desafios e adversidades, desenvolvemos uma maior confiança em nossas próprias habilidades e capacidades. Isso nos torna mais resilientes diante de futuras dificuldades, pois sabemos que somos capazes de enfrentá-las e superá-las com sucesso.

Por fim, a resiliência nos ajuda a encontrar significado e propósito mesmo nas situações mais difíceis. Quando somos capazes de superar os desafios e adversidades, fortalecemos nossa resiliência interna e descobrimos uma maior capacidade de lidar com as dificuldades da vida. Isso nos permite encontrar um sentido mais profundo em nossas experiências e nos impulsiona a continuar avançando, mesmo quando o caminho parece difícil.

57

A persistência é a chave para alcançar os objetivos mais desafiadores

"A persistência é a chave para alcançar os objetivos mais desafiadores." Essa afirmação destaca a importância fundamental da persistência na jornada rumo ao sucesso, especialmente quando se trata de conquistar metas que exigem esforço, tempo e dedicação significativos. A persistência é a qualidade que nos impulsiona a continuar avançando, mesmo diante de contratempos e obstáculos, até alcançarmos nossos objetivos mais ambiciosos.

No contexto empreendedor, a persistência desempenha um papel crucial na superação dos desafios enfrentados ao estabelecer e expandir um negócio. Os empreendedores persistentes são aqueles que não se deixam deter pelos fracassos ou pelas dificuldades iniciais, mas sim que perseveram, adaptam-se e continuam avançando em cireção aos seus objetivos.

A persistência é especialmente importante quando se trata de objetivos desafiadores, pois essas metas geralmente exigem tempo e esforço consideráveis para serem alcançadas. Os empreendedores persistentes estão dispostos a investir o tempo e a energia necessários para superar os obstáculos e fazer os ajustes necessários ao longo do caminho, mantendo-se focados em sua visão de longo prazo.

Além disso, a persistência é uma demonstração de comprometimento e determinação. Quando nos comprometemos com um objetivo e persistimos em sua busca, estamos enviando uma mensagem clara para nós mesmos e para os outros de que estamos totalmente dedicados ao nosso sucesso. Isso nos ajuda a superar as dúvidas e incertezas que possam surgir ao longo do caminho e nos mantém motivados mesmo nos momentos mais desafiadores.

Por fim, a persistência muitas vezes é o fator decisivo que separa os empreendedores bem-sucedidos daqueles que desistem cedo demais. Enquanto outros podem desistir diante do primeiro obstáculo significativo, os empreendedores persistentes veem os desafios como oportunidades de aprendizado e crescimento e estão determinados a continuar avançando, não importa o que aconteça.

58

A determinação nos mantém focados mesmo nos momentos de dúvida

"A determinação nos mantém focados mesmo nos momentos de dúvida." Essa afirmação destaca a importância crucial da determinação como uma força motriz que nos impulsiona a permanecer concentrados e comprometidos com nossos objetivos, mesmo quando enfrentamos incertezas ou desafios.

No contexto empreendedor, a determinação desempenha um papel fundamental na capacidade dos empreendedores de superar momentos de dúvida e incerteza. Ao perseguirem seus sonhos e objetivos, os empreendedores inevitavelmente se deparam com situações desafiadoras que podem levantar dúvidas sobre o caminho a seguir. No entanto, aqueles que são verdadeiramente determinados são capazes de permanecer focados em sua visão, mesmo quando enfrentam contratempos ou incertezas.

A determinação nos ajuda a manter um senso de propósito e direção, mesmo nos momentos mais difíceis. Quando estamos verdadeiramente determinados a alcançar nossos objetivos, somos capazes de encontrar a motivação necessária para continuar avançando, mesmo quando as circunstâncias parecem adversas. Essa determinação nos permite superar as dúvidas e as hesitações que possam surgir ao longo do caminho, mantendo-nos comprometidos com nossos objetivos de longo prazo.

Além disso, a determinação nos capacita a enfrentar os desafios com coragem e resolução. Em vez de nos deixarmos intimidar pelas dificuldades que encontramos, os empreendedores determinados veem cada obstáculo como uma oportunidade de aprendizado e crescimento. Eles estão dispostos a persistir e a encontrar soluções criativas para superar os desafios que surgem em seu caminho.

Por fim, a determinação muitas vezes é o fator decisivo que separa os empreendedores bem-sucedidos daqueles que desistem cedo demais. Enquanto outros podem ser tentados a abandonar seus objetivos diante das dificuldades, os empreendedores determinados estão determinados a continuar avançando, não importa o que aconteça. Essa determinação é o que os capacita a superar os obstáculos e a alcançar o sucesso que almejam.

59

A coragem de arriscar nos leva a novas e emocionantes jornadas

"A coragem de arriscar nos leva a novas e emocionantes jornadas." Essa afirmação destaca o papel fundamental da coragem na abertura de novas possibilidades e na busca de experiências enriquecedoras e gratificantes. A disposição de assumir riscos é o que nos permite explorar territórios desconhecidos, expandir nossos horizontes e alcançar novos patamares de crescimento pessoal e profissional.

No contexto empreendedor, a coragem de arriscar é uma qualidade essencial para aqueles que buscam inovar, crescer e alcançar o sucesso. Os empreendedores corajosos estão dispostos a sair de suas zonas de conforto, enfrentar o desconhecido e enfrentar desafios significativos em busca de oportunidades promissoras. Eles entendem que o sucesso muitas vezes requer a disposição de assum r riscos calculados e estão dispostos a enfrentar as incertezas que acompanham o empreendedorismo.

Além disso, a coragem de arriscar nos capacita a superar o medo do fracasso e a abraçar as lições que podem ser aprendidas ao longo do caminho. Em vez de permitir que o medo nos paralise, os empreendedores corajosos encaram os desafios com determinação e resiliência, sabendo que cada obstáculo superado é uma oportunidade de aprendizado e crescimento.

A coragem de arriscar também nos ajuda a expandir nossos horizontes e a descobrir novas possibilidades e oportunidades. Ao nos permitirmos sair da nossa zona de conforto, abrimos espaço para experiências emocionantes e transformadoras que podem nos levar a novas direções e nos permitir alcançar nossos objetivos ma s ambiciosos.

Por fim, a coragem de arr scar é o que nos capacita a viver uma vida verdadeiramente significativa e realizada. Ao abraçarmos os desafios e assumirmos riscos em busca de nossas paixões e aspirações, estamos nos permitindo viver de acordo com nossos valores mais profundos e seguir o caminho que ressoa com nossa verdadeira essência.

60

A gratidão é o segredo para uma vida plena e feliz

"A gratidão é o segredo para uma vida plena e feliz." Essa afirmação ressalta a importância vital da prática da gratidão em nossa jornada em busca de felicidade e realização. A gratidão é muito mais do que apenas reconhecer as coisas positivas em nossa vida; é uma atitude profunda de apreciação e reconhecimento pelo que temos, pelo que recebemos e pelas pessoas que nos cercam.

No contexto empreendedor, a gratidão desempenha um papel significativo no bem-estar e sucesso dos empreendedores. Ao cultivarem um coração grato, os empreendedores podem transformar a maneira como enfrentam os desafios e celebram as conquistas em seus negócios. Em vez de se concentrarem apenas nos obstáculos, eles são capazes de valorizar e se inspirar nos recursos, nas oportunidades e nas relações que têm à disposição.

Além disso, a prática da gratidão promove uma mentalidade positiva e resiliente, que é fundamental para lidar com as adversidades do empreendedorismo. Quando os empreendedores cultivam um senso de gratidão, eles estão mais propensos a encontrar aspectos positivos mesmo nas situações mais desafiadoras, permitindo-lhes enfrentar os obstáculos com mais otimismo e determinação.

A gratidão também fortalece os relacionamentos interpessoais no ambiente de negócios. Empreendedores que expressam gratidão por seus clientes, parceiros e colaboradores criam uma cultura de apreço e reconhecimento mútuo. Isso não só promove um ambiente de trabalho mais positivo e produtivo, mas também fortalece as conexões que são essenciais para o sucesso a longo prazo de um negócio.

Por fim, a gratidão é um poderoso catalisador para a felicidade e o bem-estar pessoal. Estudos mostram que pessoas que praticam a gratidão regularmente experimentam maior satisfação com a vida, mais emoções positivas e uma maior sensação de propósito e significado. Ao cultivar um estado de gratidão constante, os empreendedores podem não só alcançar o sucesso em seus negócios, mas também desfrutar de uma vida mais plena, equilibrada e feliz.

61

A resiliência nos fortalece diante das dificuldades que enfrentamos

"A resiliência nos fortalece diante das dificuldades que enfrentamos." Esta afirmação destaca o papel crucial da resiliência como uma qualidade que nos capacita a lidar com os desafios da vida de forma eficaz e construtiva. A resiliência é a capacidade de se adaptar, recuperar e até mesmo crescer diante das adversidades, permitindo-nos enfrentar as dificuldades com coragem, determinação e esperança.

No contexto empreendedor, a resiliência é uma qualidade essencial para superar os obstáculos e os contratempos que são inevitáveis ao construir e expandir um negócio. Os empreendedores resilientes são capazes de enfrentar as incertezas, os fracassos e as crises com calma e clareza, encontrando maneiras de se adaptar e seguir em frente, mesmo diante das circunstâncias mais desafiadoras.

A resiliência nos fortalece emocionalmente, permitindo-nos lidar com o estresse e a pressão de forma mais eficaz. Quando somos resilientes, somos capazes de manter uma mentalidade positiva e proativa, mesmo quando enfrentamos situações difíceis. Isso nos ajuda a enfrentar os desafios com mais confiança e determinação, e nos permite superar as adversidades com mais facilidade.

Além disso, a resiliência nos capacita a encontrar oportunidades de crescimento e aprendizado mesmo nas situações mais desafiadoras. Em vez de nos deixarmos abater pelo fracasso ou pela adversidade, os empreendedores resilientes veem cada obstáculo como uma chance de aprender, crescer e se tornar mais forte. Eles são capazes de extrair lições valiosas de suas experiências e usar esses insights para informar suas futuras ações e decisões.

Por fim, a resiliência nos permite enfrentar as dificuldades com mais coragem e esperança. Quando somos resilientes, somos capazes de manter uma visão positiva do futuro, mesmo quando enfrentamos desafios significativos. Isso nos ajuda a manter a motivação e a determinação necessárias para superar os obstáculos e alcançar nossos objetivos, mesmo quando o caminho parece difícil.

62

Líder precisa se responsabilizar

"Líder precisa se responsabilizar" é uma afirmação que ressalta a importância da liderança assumir a responsabilidade pelos resultados e ações da equipe. Essa frase destaca que os líderes não só devem liderar pelo exemplo, mas também serem responsáveis por suas decisões, direcionamento e impacto sobre o grupo que lideram.

Para os empreendedores, essa ideia implica que assumir a liderança vai além de simplesmente dar ordens ou tomar decisões importantes. Envolve também estar disposto a assumir a responsabilidade pelos sucessos e fracassos da equipe, reconhecendo que o líder tem um papel fundamental no direcionamento e na motivação dos membros da equipe.

Além disso, os líderes também devem estar abertos ao feedback e críticas construtivas, reconhecendo que eles têm um papel-chave na cultura organizacional e no ambiente de trabalho. Isso significa estar disposto a reconhecer quando erros são cometidos, aprender com eles e buscar maneiras de melhorar continuamente.

Ao se responsabilizar, os líderes demonstram integridade, transparência e comprometimento com o sucesso coletivo da equipe. Eles inspiram confiança e respeito, motivando os membros da equipe a se esforçarem ao máximo e a trabalharem juntos para alcançar os objetivos comuns.

Em resumo, "líder precisa se responsabilizar" é um lembrete importante de que a liderança vai além de simplesmente ocupar uma posição de autoridade. Envolve também assumir a responsabilidade pelo bem-estar e pelo desempenho da equipe, liderando com integridade, transparência e comprometimento em todos os aspectos do trabalho.

63

A determinação é a força que nos impulsiona a superar desafios

"A determinação é a força que nos impulsiona a superar desafios." Esta afirmação destaca a importância crucial da determinação como uma qualidade fundamental que nos capacita a enfrentar e superar os desafios que encontramos ao longo de nossas jornadas.

No contexto empreendedor, a determinação desempenha um papel essencial na capacidade dos empreendedores de lidar com os obstáculos e contratempos que surgem ao construir e expandir um negócio. Os empreendedores determinados são aqueles que estão firmemente comprometidos com seus objetivos e visões, e estão dispostos a enfrentar os desafios com coragem, resiliência e persistência.

A determinação nos capacita a manter o foco em nossos objetivos, mesmo quando enfrentamos dificuldades ou momentos de desânimo. Quando estamos verdadeiramente determinados a alcançar algo, somos capazes de superar os obstáculos com mais facilidade, pois estamos motivados pelo desejo de alcançar nossos objetivos e realizarmos nossos sonhos.

Além disso, a determinação nos ajuda a desenvolver uma mentalidade positiva e proativa diante dos desafios. Em vez de nos deixarmos abater pelo fracasso ou pelas dificuldades, os empreendedores determinados encaram os desafios como oportunidades de aprendizado e crescimento. Eles estão dispostos a persistir e a encontrar soluções criativas para superar os obstáculos que surgem em seu caminho.

Por fim, a determinação muitas vezes é o fator decisivo que separa os empreendedores bem-sucedidos daqueles que não conseguem alcançar seus objetivos. Enquanto alguns podem desistir diante do primeiro obstáculo significativo, os empreendedores determinados estão determinados a continuar avançando, não importa o que aconteça. E é essa determinação inabalável que muitas vezes os leva ao sucesso.

64

A coragem de arriscar nos leva a novas conquistas

"A coragem de arriscar nos leva a novas conquistas." Esta afirmação destaca a importância fundamental da coragem como um catalisador para o progresso e o crescimento pessoal e profissional. Ao nos arriscarmos, estamos abrindo caminho para novas oportunidades e experiências que podem levar a conquistas significativas e gratificantes.

No contexto empreendedor, a coragem de arriscar desempenha um papel crucial no sucesso dos negócios. Os empreendedores corajosos são aqueles que estão dispostos a sair de suas zonas de conforto, enfrentar o desconhecido e assumir desafios significativos em busca de oportunidades promissoras. Eles entendem que o progresso muitas vezes requer a disposição de correr riscos calculados e estão dispostos a enfrentar as incertezas que acompanham o empreendedorismo.

A coragem de arriscar nos capacita a superar o medo do fracasso e a abraçar as lições que podem ser aprendidas ao longo do caminho. Em vez de nos deixarmos paralisar pelo medo, os empreendedores corajosos enfrentam os desafios com determinação e resiliência, sabendo que cada obstáculo superado os aproxima um passo mais perto de suas metas.

Além disso, a coragem de arriscar nos ajuda a expandir nossos horizontes e a descobrir novas possibilidades e oportunidades. Ao nos permitirmos sair da nossa zona de conforto, abrimos espaço para experiências emocionantes e transformadoras que podem nos levar a novos patamares de crescimento e realização.

Por fim, a coragem de arriscar é o que nos capacita a viver uma vida verdadeiramente significativa e realizada. Ao abraçarmos os desafios e assumirmos riscos em busca de nossas paixões e aspirações, estamos nos permitindo viver de acordo com nossos valores mais profundos e seguir o caminho que ressoa com nossa verdadeira essência.

65

Se algo der errado não se deixe influenciar

"Se algo der errado, não se deixe influenciar" destaca a importância da resiliência e da capacidade de manter a calma e o foco, mesmo diante de contratempos ou falhas. Esta frase enfatiza que os empreendedores devem estar preparados para enfrentar desafios ao longo de sua jornada e que é essencial não permitir que os obstáculos os desanimem ou influenciem negativamente.

Para os empreendedores, isso significa adotar uma mentalidade de crescimento e aprender com cada experiência, seja ela positiva ou negativa. Em vez de se deixar abater pelos contratempos, os empreendedores são incentivados a ver essas situações como oportunidades de aprendizado e crescimento.

Além disso, é importante manter uma atitude positiva e perseverante, mesmo quando as coisas não saem como planejado. Isso envolve manter o foco nos objetivos de longo prazo, confiar em suas habilidades e buscar soluções criativas para superar os desafios que surgirem no caminho.

Ao mesmo tempo, os empreendedores também podem se beneficiar ao buscar apoio de colegas, mentores ou outros membros de sua rede de contatos. Compartilhar experiências, buscar conselhos e receber feedback construtivo pode ajudar os empreendedores a ganhar novas perspectivas e encontrar soluções para os problemas que enfrentam.

Em resumo, "se algo der errado, não se deixe influenciar" é um lembrete importante de que os contratempos são parte natural do processo empreendedor e que o verdadeiro teste de caráter está em como os empreendedores respondem a esses desafios. Ao manter uma atitude positiva, perseverante e resiliente, os empreendedores podem superar os obstáculos e continuar avançando em direção aos seus objetivos.

66

A resiliência nos torna mais fortes diante das tempestades

"A resiliência nos torna mais fortes diante das tempestades." Essa afirmação destaca a importância fundamental da resiliência como uma qualidade que nos capacita a enfrentar e superar os momentos mais difíceis e desafiadores em nossas vidas. Quando enfrentamos adversidades e tempestades, a resiliência é o que nos permite manter nossa integridade, adaptar-nos às circunstâncias e seguir em frente com coragem e determinação.

No contexto empreendedor, a resiliência é uma qualidade essencial para superar os desafios e contratempos que fazem parte do processo de construção e crescimento de um negócio. Os empreendedores resilientes são capazes de enfrentar as tempestades do mundo dos negócios com calma, confiança e determinação, mantendo-se firmes em sua visão e objetivos, mesmo quando enfrentam momentos difíceis.

A resiliência nos capacita a manter uma mentalidade positiva diante das adversidades. Em vez de nos deixarmos abater pelo fracasso ou pela dificuldade, os empreendedores resilientes são capazes de encontrar significado e propósito mesmo nas situações mais desafiadoras. Eles veem cada obstáculo como uma oportunidade de aprendizado e crescimento, permitindo-lhes enfrentar as tempestades da vida com coragem e determinação renovadas.

Além disso, a resiliência nos ajuda a desenvolver a capacidade de nos adaptar e nos recuperar rapidamente diante das adversidades. Em vez de nos deixarmos paralisar pelo medo ou pela incerteza, os empreendedores resilientes são capazes de se ajustar às mudanças e encontrar soluções criativas para os desafios que enfrentam. Eles são capazes de aprender com suas experiências e usar esses insights para informar suas decisões e ações futuras.

Por fim, a resiliência nos capacita a nos tornarmos mais fortes e mais resilientes diante das tempestades da vida. Quando enfrentamos desafios significativos, a resiliência nos permite crescer e evoluir, transformando-nos em pessoas mais fortes, mais sábias e mais capacitadas para enfrentar os desafios que o futuro possa trazer.

Compre barato, venda caro

"Compre barato, venda caro' é um princípio básico do comércio e dos negócios. Esse conceito ressalta a importância de buscar oportunidades de compra vantajosas, onde os produtos ou serviços são adquiridos a um preço baixo, para depois revendê-los a um preço mais elevado, garantindo assim uma margem de lucro.

No contexto empreendedor, essa estratégia é fundamental para garantir a viabilidade financeira de um negócio. Os empreendedores buscam constantemente maneiras de obter os melhores preços em matéria-prima, produtos ou serviços necessários para operar seu empreendimento. Ao mesmo tempo, eles procuram estabelecer preços de venda que sejam competitivos no mercado, mas que ainda proporcionem uma margem de lucro satisfatória.

Para implementar efetivamente esse princípio, os empreendedores precisam desenvolver habilidades de negociação, buscar fornecedores confiáveis e encontrar maneiras criativas de agregar valor aos produtos ou serviços que oferecem aos clientes. Além disso, é essencial realizar uma análise de mercado cuidadosa para entender a demanda e a concorrência, a fim de estabelecer preços que sejam atrativos para os consumidores, mas que ainda permitam uma margem de lucro saudável.

Embora o objetivo final seja gerar lucro, é importante lembrar que a prática de "comprar barato e vender caro" deve ser realizada de forma ética e transparente, respeitando sempre os interesses e necessidades dos clientes. A construção de relacionamentos sólidos e de longo prazo com clientes e fornecedores é fundamental para o sucesso a longo prazo de qualquer empreendimento.

Em resumo, "compre barato, venda caro" é um princípio fundamental no mundo dos negócios, que destaca a importância de buscar oportunidades de lucro aproveitando as discrepâncias de preço no mercado. Essa estratégia, quando implementada de forma ética e inteligente, pode ser uma fonte valiosa de sucesso e crescimento para empreendedores e empresários.

68

Use a mentalidade de grupo

Compreender e adotar uma mentalidade de grupo é crucial no mundo empreendedor. Essa abordagem destaca a importância da colaboração e do trabalho em equipe para alcançar metas compartilhadas. No contexto empresarial, valorizar a sinergia entre os membros da equipe é fundamental, pois isso permite combinar uma variedade de habilidades e experiências para impulsionar a inovação e a eficiência operacional.

Ao promover um ambiente de apoio mútuo e valorizar a diversidade de perspectivas, os empreendedores criam uma cultura organizacional mais resiliente e adaptável, capaz de enfrentar desafios e explorar oportunidades de maneira mais eficaz. Em última análise, reconhecer e cultivar uma mentalidade de grupo não apenas fortalece o ambiente de trabalho, mas também contribui significativamente para o sucesso a longo prazo do negócio, estimulando o crescimento pessoal e profissional dos envolvidos.

Além disso, adotar uma mentalidade de grupo pode aumentar a motivação e o engajamento da equipe, uma vez que os membros se sentem valorizados e parte de algo maior do que e es mesmos. Isso pode levar a um aumento na produtividade e na satisfação no trabalho, resultando em melhor desempenho organizacional e maior retenção de talentos.

Em resumo, uma mentalidade de grupo é um componente essencial para o sucesso empreendedor, pois promove a colaboração, a inovação e o desenvolvimento de uma cultura organizacional positiva e orientada para resultados. Ao reconhecer e cultivar essa mentalidade, os empreendedores podem criar um ambiente propício para o crescimento sustentável e a realização de seus objetivos empresariais.

69

Identificar e atender uma necessidade

Identificar e atender uma necessidade é a pedra fundamental de qualquer empreendimento bem-sucedido. No cerne desse processo está a habilidade de compreender profundamente o mercado e os potenciais clientes. Isso implica não apenas reconhecer as demandas existentes, mas também antecipar necessidades latentes que podem não ter sido totalmente exploradas. Empreendedores que se destacam nesse aspecto são aqueles que conseguem identificar lacunas no mercado e oferecer soluções inovadoras para preenchê-las.

Uma vez identificada a necessidade, o próximo passo crucial é desenvolver produtos ou serviços que atendam eficazmente a essa demanda. Isso envolve não apenas a criação de algo que resolva o problema ou satisfaça o desejo do cliente, mas também a garantia de que a solução seja viável e sustentável no longo prazo. Isso pode exigir pesquisa de mercado extensiva, prototipagem, testes e iteração contínua para garantir que o produto final seja verdadeiramente valioso para o cliente.

Além disso, é importante ter em mente que as necessidades do mercado estão em constante evolução, especialmente em um mundo cada vez mais dinâmico e tecnológico. Portanto, os empreendedores devem permanecer ágeis e adaptáveis, prontos para ajustar suas estratégias conforme necessário para acompanhar as mudanças nas demandas dos clientes e nas condições do mercado. A capacidade de inovar e iterar rapidamente é muitas vezes o que diferencia os empreendimentos de sucesso daqueles que lutam para se manterem relevantes.

Em resumo, identificar e atender uma necessidade é um processo multifacetado que requer compreensão profunda do mercado, criatividade e flexibilidade. Os empreendedores que dominam essa habilidade têm uma base sólida para construir negócios bem-sucedidos e duradouros, oferecendo soluções que realmente fazem a diferença na vida de seus clientes.

70

Todo trabalho é digno

A afirmação "Todo trabalho é digno" destaca a valorização de todas as formas de trabalho, independentemente de sua natureza ou status social. Essa ideia reconhece a importância e o mérito de todas as ocupações e atividades laborais, desde as mais tradicionais até as menos convencionais.

No contexto empreendedor, essa frase ressalta a necessidade de reconhecer e valorizar todas as contribuições para o sucesso de um negócio, seja qual for o papel desempenhado. Isso inclui desde os fundadores e líderes até os funcionários que desempenham funções operacionais ou de suporte.

Valorizar que todo trabalho é digno promove um ambiente de respeito mútuo e colaboração dentro de uma empresa. Isso cria uma cultura organizacional inclusiva, onde cada membro da equipe se sente reconhecido e valorizado pelo seu esforço e contribuição para os objetivos comuns.

Além disso, essa mentalidade também pode inspirar empreendedores a considerar uma variedade de oportunidades de negócios, mesmo aquelas que possam parecer menos prestigiosas à primeira vista. Reconhecer o valor intrínseco de todas as formas de trabalho pode abrir portas para novas ideias de empreendedorismo e inovação.

Em suma, a frase "Todo trabalho é digno" ressalta a importância de valorizar e respeitar todas as ocupações e contribuições para a sociedade, promovendo uma cultura de inclusão e colaboração tanto no ambiente de trabalho quanto no empreendedorismo.

71

Diversifique o trabalho

"Diversifique o trabalho" destaca a importância de buscar variedade e amplitude nas atividades profissionais e nas fontes de renda. Essa abordagem reconhece os benefícios de não depender exclusivamente de uma única fonte de trabalho ou de renda, mas sim de explorar várias oportunidades e habilidades.

No contexto empreendedor, diversificar o trabalho pode envolver a expansão para diferentes áreas de atuação, a oferta de uma gama mais ampla de produtos ou serviços, ou mesmo a busca por múltiplos fluxos de receita. Essa estratégia pode ajudar a reduzir o risco de depender excessivamente de um único cliente, mercado ou fonte de renda, tornando o negócio mais resiliente a mudanças e incertezas.

Além disso, diversificar o trabalho também pode estimular a criatividade, o aprendizado contínuo e o crescimento pessoal e profissional. Ao se envolver em diferentes atividades e projetos, os empreendedores têm a oportunidade de expandir seus conhecimentos, desenvolver novas habilidades e explorar novas áreas de interesse.

Essa abordagem também pode contribuir para a construção de uma rede mais ampla de contatos e relacionamentos profissionais, abrindo portas para novas oportunidades de colaboração, parcerias e desenvolvimento de negócios.

Em resumo, "Diversifique o trabalho" enfatiza a importância de explorar diferentes oportunidades e fontes de renda, tanto no empreendedorismo quanto na carreira profissional, como uma estratégia para aumentar a resiliência, estimular o crescimento e maximizar as oportunidades de sucesso.

72

Reconheça seus pontos fortes e fracos

Reconhecer seus pontos fortes e fracos é essencial para o crescimento pessoal e profissional. Isso envolve uma avaliação honesta e reflexiva de suas habilidades, conhecimentos, experiências e áreas que precisam de melhoria. Ao reconhecer seus pontos fortes, você pode capitalizar neles, aproveitando ao máximo suas habilidades e talentos naturais. Por outro lado, ao reconhecer suas fraquezas, você pode identificar áreas que precisam de desenvolvimento e aprimoramento.

No contexto empreendedor, reconhecer seus pontos fortes pode ajudá-lo a identificar áreas nas quais você pode se destacar e ter uma vantagem competitiva. Por exemplo, se você tem habilidades excepcionais de comunicação ou liderança, pode direcionar esses pontos fortes para construir relacionamentos sólidos com clientes ou liderar equipes de forma eficaz. Da mesma forma, reconhecer suas fraquezas permite que você busque oportunidades de aprendizado e desenvolvimento para melhorar nessas áreas. Isso pode envolver a busca por mentores, a participação em cursos de desenvolvimento profissional ou simplesmente dedicar tempo e esforço para praticar e aprimorar suas habilidades.

Além disso, reconhecer seus pontos fortes e fracos pode ajudá-lo a tomar decisões mais informadas. Por exemplo, ao iniciar um novo empreendimento, você pode avaliar suas próprias habilidades e experiências para determinar quais áreas do negócio você pode gerenciar com eficiência e onde pode ser necessário buscar apoio adicional. Isso pode ajudá-lo a montar uma equipe complementar, reunindo pessoas com habilidades e experiências diversas que podem ajudar a impulsionar o sucesso do seu negócio.

É importante lembrar que reconhecer seus pontos fracos não é sinal de fraqueza, mas sim de autoconhecimento e humildade. Todos têm áreas em que podem melhorar, e reconhecer isso é o primeiro passo para o crescimento pessoal e profissional. Ao mesmo tempo, reconhecer seus pontos fortes permite que você tenha confiança em suas habilidades e trabalhe para maximizar seu potencial.

A resiliência nos torna mais resilientes diante das adversidades

"A resiliência nos torna mais resilientes diante das adversidades." Essa declaração destaca a natureza cíclica e fortalecedora da resiliência ao lidar com desafios e contratempos. A resiliência não apenas nos ajuda a enfrentar as adversidades, mas também nos fortalece para lidar melhor com elas no futuro, criando um ciclo de superação e crescimento contínuo.

Ao reconhecer e abordar nossos pontos fortes e fracos, estamos fortalecendo nossa resiliência e capacidade de enfrentar desafios com mais eficácia. Isso nos permite entender melhor nossas áreas de melhoria e onde podemos aplicar nossos pontos fortes para superar as adversidades. Reconhecer nossos pontos fracos não é sinal de fraqueza, mas sim de autoconhecimento e oportunidade de crescimento. Por outro lado, identificar nossos pontos fortes nos dá confiança e clareza sobre como podemos usar nossos recursos internos para superar os desafios que surgem em nosso caminho.

No contexto empreendedor, a resiliência é uma qualidade essencial para enfrentar os altos e baixos do mundo dos negócios. Os empreendedores resilientes reconhecem que enfrentarão adversidades ao longo de suas jornadas e estão preparados para lidar com elas de forma construtiva. Eles usam suas experiências passadas como aprendizado e aplicam esses insights para fortalecer sua resiliência diante de futuros desafios.

Além disso, a resiliência nos capacita a desenvolver uma mentalidade de crescimento e aprendizado contínuo. Em vez de nos deixarmos abater pelo fracasso, os empreendedores resilientes veem cada desafio como uma oportunidade de aprender e crescer. Eles estão dispostos a se adaptar e a ajustar suas estratégias conforme necessário, utilizando seus pontos fortes para superar as adversidades que encontram no caminho.

Por fim, a resiliência nos permite manter uma visão positiva do futuro, mesmo diante das dificuldades. Ao reconhecer e cultivar nossos pontos fortes, somos capazes de enfrentar os desafios com confiança e determinação, sabendo que temos os recursos internos necessários para superá-los. Isso nos capacita a permanecer resilientes diante das adversidades, encontrando maneiras de crescer e prosperar, independentemente das circunstâncias.

74

Trabalhar duro aumenta a confiança

"Trabalhar duro aumenta a confiança" é um princípio que ressalta a relação entre esforço dedicado e autoconfiança. Essa frase sugere que ao investir tempo e energia em um objetivo, os indivíduos podem desenvolver uma maior confiança em suas habilidades e capacidades para alcançá-lo.

No contexto empreendedor, essa ideia é fundamental. Os empreendedores frequentemente enfrentam desafios significativos ao iniciar e administrar um negócio, e o trabalho árduo é muitas vezes necessário para superar esses obstáculos. Ao enfrentar esses desafios com determinação e perseverança, os empreendedores não apenas avançam em direção aos seus objetivos, mas também fortalecem sua confiança em sua capacidade de superar dificuldades e alcançar o sucesso.

Além disso, o trabalho árduo muitas vezes envolve aprender com os erros e buscar constantemente o aprimoramento pessoal e profissional. Ao se dedicar ao desenvolvimento contínuo, os empreendedores não apenas aumentam suas habilidades e conhecimentos, mas também fortalecem sua confiança em sua capacidade de se adaptar e prosperar em um ambiente empresarial dinâmico e desafiador.

Em resumo, "trabalhar duro aumenta a confiança" destaca a importância do esforço e da dedicação na construção da autoconfiança. Ao investir tempo e energia em seus objetivos e enfrentar desafios com determinação, os empreendedores não apenas avançam em direção ao sucesso, mas também fortalecem sua confiança em si mesmos e em suas habilidades para lidar com os desafios que enfrentam.

75

Saiba motivar

Motivar os membros da equipe não se trata apenas de oferecer incentivos financeiros, mas também de criar um ambiente de trabalho positivo, proporcionar oportunidades de crescimento e reconhecer e valorizar as contribuições de cada indivíduo.

Uma das maneiras mais eficazes de motivar é comunicar uma visão inspiradora e um propósito claro para o trabalho realizado. Os empreendedores devem compartilhar sua paixão e entusiasmo pelo negócio, transmitindo aos membros da equipe o impacto positivo que seu trabalho pode ter. Isso ajuda a criar um senso de propósito e significado, motivando os funcionários a se dedicarem ao sucesso da empresa.

Além disso, reconhecer e valorizar as conquistas e contribuições dos membros da equipe é fundamental para mantê-los motivados e engajados. Isso pode incluir elogios públicos, recompensas tangíveis, como bônus ou promoções, e oportunidades de desenvolvimento profissional e crescimento na carreira. Reconhecer o trabalho árduo e as realizações dos funcionários reforça seu senso de valor e pertencimento à equipe.

Oferecer um ambiente de trabalho positivo e de apoio também é essencial para manter a motivação da equipe. Isso inclui promover uma cultura de confiança, respeito e colaboração, incentivar o trabalho em equipe e oferecer suporte e orientação sempre que necessário. Os empreendedores devem estar abertos ao feedback dos membros da equipe e criar um ambiente onde todos se sintam valorizados e ouvidos.

Além disso, proporcionar oportunidades de crescimento e desenvolvimento profissional é uma forma poderosa de motivar os funcionários. Isso pode incluir treinamentos, workshops, mentoria e outras iniciativas que ajudem os membros da equipe a desenvolver novas habilidades e avançar em suas carreiras.

Em resumo, motivar a equipe é essencial para o sucesso de qualquer empreendimento. Ao comunicar uma visão inspiradora, reconhecer e valorizar as contribuições dos funcionários, promover um ambiente de trabalho positivo e oferecer oportunidades de crescimento, os empreendedores podem cultivar uma equipe motivada, engajada e comprometida com o sucesso da empresa.

76

Transforme passivos em ativos

"Transforme passivos em ativos" é um princípio fundamental da gestão empresarial que destaca a importância de identificar oportunidades de melhoria e maximizar o potencial de recursos que podem não estar sendo plenamente utilizados. Essa frase ressalta a necessidade de uma abordagem criativa e estratégica para converter elementos que inicialmente podem representar um ônus ou uma limitação em fontes de valor e vantagem competitiva.

Para os empreendedores, isso significa estar constantemente atento aos recursos disponíveis e encontrar maneiras de otimizá-los para impulsionar o crescimento e o sucesso do negócio. Isso pode incluir a reutilização de ativos subutilizados, como espaço físico, equipamentos ou habilidades da equipe, para criar novas oportunidades de negócios ou melhorar processos existentes.

Além disso, "transformar passivos em ativos" também envolve a capacidade de identificar e abordar áreas de fraqueza ou desafio dentro da empresa, transformando esses pontos problemáticos em oportunidades de aprendizado e crescimento. Isso pode exigir uma abordagem proativa para resolver problemas, implementar mudanças e inovar constantemente para se manter à frente da concorrência.

Em resumo, essa frase destaca a importância da inovação e da visão estratégica na gestão empresarial. Ao adotar uma mentalidade de transformação e buscar ativamente maneiras de converter desafios em oportunidades, os empreendedores podem construir empresas mais ágeis, adaptáveis e bem-sucedidas no mercado.

77

Conheça todos os aspectos do negócio

Conhecer todos os aspectos do negócio é fundamental para o sucesso empreendedor. Isso vai muito além de ter uma compreensão superficial das operações; requer um conhecimento detalhado de todas as facetas da empresa, desde a estratégia de negócios até os processos operacionais diários. Os empreendedores devem ter uma visão abrangente do seu empreendimento, incluindo sua missão, visão e valores, bem como suas metas de curto e longo prazo.

Entender a fundo o mercado em que atuam é essencial para identificar oportunidades e ameaças, bem como para desenvolver estratégias eficazes de diferenciação e posicionamento. Isso inclui conhecer os concorrentes, os clientes-alvo e as tendências do setor. Além disso, os empreendedores devem estar cientes das regulamentações e legislações que afetam seu negócio, garantindo conformidade e mitigando riscos legais.

No âmbito operacional, é crucial ter um conhecimento detalhado dos processos internos da empresa, desde a cadeia de suprimentos até o atendimento ao cliente. Isso permite identificar áreas de eficiência e oportunidades de melhoria, bem como resolver problemas de forma proativa e eficaz. Além disso, compreender as finanças do negócio é essencial para tomar decisões informadas e garantir a sustentabilidade financeira a longo prazo.

Por fim, conhecer todos os aspectos do negócio também significa estar ciente das próprias habilidades e limitações como empreendedor. Isso permite capitalizar em suas forças, buscar ajuda quando necessário e continuar aprendendo e crescendo ao longo do tempo. Em resumo, ter uma compreensão holística e detalhada do empreendimento é essencial para tomar decisões informadas, maximizar o potencial de crescimento e garantir o sucesso a longo prazo.

78

Capital humano

O termo "capital humano" refere-se ao conjunto de habilidades, conhecimentos, experiências e competências dos colaboradores de uma organização. É uma parte fundamental dos recursos de uma empresa, ao lado do capital financeiro e dos ativos tangíveis. O capital humano representa o valor que os funcionários agregam à empresa por meio de suas contribuições individuais e colaborativas.

Investir no desenvolvimento do capital humano é essencial para o sucesso de uma organização. Isso envolve não apenas recrutar e contratar indivíduos talentosos, mas também capacitá-los, motivá-los e reter seu talento. Os gestores precisam reconhecer que os colaboradores são ativos valiosos e que seu desenvolvimento contínuo é fundamental para a inovação, eficiência e competitividade da empresa.

Além disso, uma cultura organizacional que valoriza e incentiva o crescimento pessoal e profissional dos funcionários é essencial para manter uma força de trabalho engajada e produtiva. Isso pode incluir programas de treinamento e desenvolvimento, oportunidades de avanço na carreira, feedback construtivo e um ambiente de trabalho que promova o trabalho em equipe e a colaboração.

Ao reconhecer e investir no capital humano, as empresas podem colher uma série de benefícios, incluindo maior satisfação do cliente, maior produtividade, menor rotatividade de funcionários e uma reputação positiva no mercado de trabalho. Em última análise, uma força de trabalho bem treinada, motivada e comprometida é um dos maiores ativos que uma empresa pode ter, e cultivar esse capital humano é essencial para o sucesso a longo prazo.

79

Transmita confiança

Transmitir confiança é crucial para o sucesso empreendedor, pois isso não apenas inspira credibilidade e respeito, mas também estabelece bases sólidas para relacionamentos comerciais duradouros. Existem várias maneiras pelas quais os empreendedores podem transmitir confiança em seus negócios.

Em primeiro lugar, a consistência é fundamental. Isso inclui ser confiável em termos de cumprir prazos, entregar produtos e serviços de qualidade e manter a comunicação aberta e transparente com os clientes e parceiros comerciais. Cumprir as promessas feitas é essencial para construir e manter a confiança.

Além disso, demonstrar expertise e conhecimento em sua área de atuação é uma maneira eficaz de transmitir confiança. Isso pode ser feito por meio de educação, certificações, experiência prática e compartilhamento de informações relevantes com clientes e colegas de trabalho. Quanto mais os clientes confiam na sua competência e conhecimento, mais propensos estarão a confiar em você e em seu negócio.

Outro aspecto importante é a comunicação clara e assertiva. Isso envolve expressar-se de maneira confiante e assertiva, fornecendo informações de forma clara e concisa e ouvindo ativamente as preocupações e necessidades dos clientes. Uma comunicação eficaz demonstra que você está no controle da situação e é capaz de lidar com qualquer desafio que surja.

Além disso, é importante ser autêntico e transparente em seus relacionamentos comerciais. Isso significa ser honesto sobre suas capacidades, limitações e objetivos comerciais. Ser transparente sobre o que você pode oferecer e o que os clientes podem esperar ajuda a construir relacionamentos de confiança baseados em expectativas realistas.

Em suma, transmitir confiança e uma habilidade essencial para os empreendedores. Ao ser consistente, demonstrar expertise, comunicar-se clara e assertivamente e ser autêntico e transparente em seus relacionamentos comerciais, você pode construir e manter a confiança dos clientes e estabelecer uma reputação sólida no mercado.

80

Prepare-se para se ajustar

"Prepare-se para se ajustar" é um princípio crucial para qualquer empreendedor que busca sucesso em um ambiente empresarial dinâmico e em constante mudança. Esse conceito destaca a importância da flexibilidade e adaptabilidade diante de circunstâncias imprevisíveis e desafios inesperados.

Em um mundo empresarial em constante evolução, as estratégias que funcionaram no passado podem não ser mais eficazes no futuro. Portanto, os empreendedores precisam estar dispostos a ajustar seus planos e abordagens conforme necessário para se manterem relevantes e competitivos.

Isso pode envolver a revisão constante das estratégias de negócios, a adoção de novas tecnologias, a exploração de novos mercados ou a adaptação dos produtos ou serviços oferecidos. Ao estar aberto a mudanças e ser proativo na busca por oportunidades de crescimento e inovação, os empreendedores podem posicionar seus negócios para o sucesso a longo prazo.

Além disso, a capacidade de se ajustar também é fundamental para lidar com adversidades e superar obstáculos que possam surgir ao longo do caminho. Em vez de serem paralisados por contratempos, os empreendedores resilientes veem essas situações como oportunidades para aprender, crescer e se fortalecer.

Em resumo, "prepare-se para se ajustar" é um lembrete poderoso de que a adaptabilidade é uma qualidade essencial para o sucesso empreendedor. Ao abraçar a mudança e estar disposto a ajustar seus planos conforme necessário, os empreendedores podem enfrentar os desafios com confiança e se posicionar para alcançar seus objetivos a longo prazo.

81

Cerque-se de especialistas

"Cerque-se de especialistas" é um conselho valioso para empreendedores que buscam sucesso em seus empreendimentos. Isso implica reconhecer suas próprias limitações e buscar ativamente colaboração e orientação de profissionais qualificados em áreas específicas relevantes para o seu negócio.

Nenhum empreendedor pode ser um especialista em todas as áreas necessárias para administrar um negócio com eficiência. Portanto, é essencial construir uma equipe diversificada e talentosa de especialistas, incluindo profissionais com experiência em finanças, marketing, operações, tecnologia e outras áreas-chave.

Ao cercar-se de especialistas, os empreendedores podem se beneficiar de uma ampla gama de conhecimentos e habilidades, que podem ajudar a impulsionar o crescimento e o sucesso de seus negócios. Esses especialistas podem oferecer insights valiosos, orientação estratégica e soluções criativas para os desafios que surgem ao longo do caminho.

Além disso, ter uma equipe de especialistas confiável pode proporcionar aos empreendedores maior confiança e tranquilidade, permitindo-lhes focar em suas próprias áreas de especialização e liderar com eficácia sua empresa.

No entanto, é importante não apenas identificar especialistas talentosos, mas também cultivar relacionamentos de trabalho sólidos com eles, construindo uma cultura de colaboração e compartilhamento de conhecimento dentro da equipe.

Em resumo, cercar-se de especialistas é essencial para o sucesso empreendedor, pois oferece acesso a conhecimentos e habilidades valiosas, além de apoio e orientação crítica para enfrentar os desafios do mundo dos negócios. Ao construir uma equipe forte e diversificada de especialistas, os empreendedores podem maximizar suas chances de alcançar seus objetivos e realizar seu potencial máximo.

82

Faça uma avaliação prévia

Fazer uma avaliação prévia é um passo fundamental para empreendedores que desejam iniciar um novo empreendimento ou lançar um novo produto ou serviço. Essa avaliação envolve uma análise cuidadosa do mercado, do público-alvo, da viabilidade financeira e de outros fatores relevantes para o sucesso do empreendimento.

Uma avaliação prévia do mercado ajuda os empreendedores a entenderem o ambiente em que estão entrando. Isso inclui a análise da concorrência, da demanda pelo produto ou serviço oferecido e das tendências do mercado. Essas informações são essenciais para identificar oportunidades e ameaças potenciais e para informar o desenvolvimento de estratégias eficazes.

Além disso, uma avaliação prévia do público-alvo é crucial para entender as necessidades, preferências e comportamentos dos clientes em potencial. Isso permite que os empreendedores personalizem seus produtos, serviços e estratégias de marketing para atender melhor às necessidades do mercado.

A viabilidade financeira também é uma consideração importante em uma avaliação prévia. Isso envolve a análise dos custos iniciais de lançamento, projeções de receita e despesas operacionais para determinar se o empreendimento é financeiramente sustentável a longo prazo. Identificar fontes potenciais de financiamento e desenvolver um plano financeiro sólido também são componentes-chave dessa avaliação.

Além disso, os empreendedores também devem considerar fatores como regulamentações governamentais, barreiras de entrada no mercado, riscos potenciais e recursos necessários para operar o negócio com sucesso.

Em resumo, fazer uma avaliação prévia completa e abrangente é essencial para minimizar riscos, identificar oportunidades e estabelecer uma base sólida para o sucesso do empreendimento. Ao dedicar tempo e esforço para essa análise inicial, os empreendedores podem aumentar significativamente suas chances de sucesso a longo prazo.

83

O mais conhecido supera o melhor

"O mais conhecido supera o melhor" é uma expressão que destaca a importância da visibilidade e do reconhecimento em muitos contextos, inclusive no mundo dos negócios. Essa frase sugere que, mesmo que existam produtos, serviços ou soluções melhores disponíveis, aqueles que são mais conhecidos tendem a ser preferidos ou escolhidos pelo público em geral.

No contexto empreendedor, essa ideia ressalta a importância do marketing, branding e presença de mercado. Mesmo que um produto ou serviço seja de alta qualidade, ele pode não alcançar sucesso se não for conhecido pelo público-alvo. Portanto, os empreendedores são incentivados a investir em estratégias de marketing e branding eficazes para aumentar a visibilidade e o reconhecimento de sua marca.

Além disso, essa frase também destaca a importância da reputação e da confiança do cliente. Se um produto ou serviço é amplamente conhecido e reconhecido, as pessoas podem presumir que ele é confiável e de qualidade, mesmo que existam alternativas melhores disponíveis. Portanto, construir uma reputação sólida e cultivar relacionamentos positivos com os clientes são aspectos essenciais para o sucesso empresarial.

No entanto, é importante notar que, a longo prazo, a qualidade e o valor real de um produto ou serviço geralmente prevalecerão sobre o simples reconhecimento. Portanto, os empreendedores também devem se concentrar em fornecer produtos e serviços excepcionais, ao mesmo tempo em que investem em estratégias para aumentar sua visibilidade e reconhecimento no mercado.

Em resumo, "o mais conhecido supera o melhor" destaca a importância do reconhecimento e da visibilidade no sucesso empresarial. Embora a qualidade seja fundamental, a capacidade de se destacar e ser reconhecido pelo público pode ter um impacto significativo no desempenho de um negócio.

84

Prepare-se para os contra tempos

"Prepare-se para os contratempos" é um conselho sábio para empreendedores que enfrentarão inevitavelmente desafios ao longo de suas jornadas empresariais. Este princípio enfatiza a importância de estar mental e operacionalmente preparado para lidar com contratempos e adversidades que podem surgir durante o desenvolvimento e operação de um negócio.

Ao se preparar para os contratempos, os empreendedores podem adotar várias estratégias. Em primeiro lugar, é crucial cultivar uma mentalidade resiliente e proativa, reconhecendo que contratempos são parte natural do processo empreendedor e vendo-os como oportunidades para aprender e crescer. Isso envolve desenvolver habilidades de resolução de problemas, adaptabilidade e flexibilidade para lidar eficazmente com diferentes cenários.

Além disso, os empreendedores devem realizar uma análise de riscos abrangente para identificar possíveis ameaças e vulnerabilidades em seus negócios e desenvolver planos de contingência para mitigar esses riscos. Isso pode incluir a diversificação das fontes de receita, o estabelecimento de reservas financeiras para emergências e a criação de parcerias estratégicas para compartilhar recursos e expertise.

Outra parte crucial da preparação para os contratempos é construir uma rede de apoio robusta, que pode incluir mentores, colegas empreendedores, consultores e outros profissionais que possam oferecer orientação, suporte e conselhos durante momentos difíceis. Ter acesso a uma rede de apoio confiável pode ser inestimável para superar desafios e encontrar soluções criativas para problemas complexos.

Por fim, os empreendedores devem manter uma mentalidade positiva e perseverante, mesmo diante de contratempos significativos. Celebrar as pequenas vitórias, manter o foco nos objetivos de longo prazo e aprender com os desafios enfrentados ao longo do caminho são fundamentais para manter a motivação e a resiliência durante períodos difíceis.

85

Crie espaço para o talento

"Crie espaço para o talento' é uma máxima valiosa para empreendedores que buscam construir equipes eficazes e inovadoras. Essa abordagem reconhece a importância de cultivar um ambiente de trabalho que incentive a criatividade, a colaboração e o crescimento profissional dos membros da equipe.

Para implementar essa estratégia, os empreendedores devem primeiro estar abertos a diferentes perspectivas e habilidades. Isso significa recrutar uma equipe diversificada, composta por indivíduos com uma ampla gama de experiências, talentos e pontos fortes. Ao valorizar a diversidade de pensamento e experiência, os empreendedores podem aproveitar ao máximo o potencial criativo de sua equipe.

Além disso, os empreendedores devem criar um ambiente de trabalho inclusivo e acolhedor, onde os membros da equipe se sintam valorizados e encorajados a contribuir com suas ideias e opiniões. Isso pode envolver a promoção de uma cultura de feedback aberto e construtivo, onde todos os funcionários sintam-se capacitados a compartilhar suas sugestões e preocupações.

Outro aspecto importante é oferecer oportunidades de desenvolvimento e crescimento profissional. Isso pode incluir treinamentos, workshops, mentorias e outras iniciativas que ajudem os membros da equipe a expandir suas habilidades e avançar em suas carreiras. Ao investir no desenvolvimento de seus funcionários, os empreendedores demonstram seu compromisso com o crescimento e o sucesso de sua equipe.

Além disso, os empreendedores devem reconhecer e recompensar o talento dentro de suas equipes. Isso pode ser feito por meio de elogios públicos, promoções, aumentos salariais ou outros incentivos tangíveis que reconheçam o trabalho árduo e as contribuições significativas dos funcionários.

Em resumo, criar espaço para o talento é fundamental para construir uma equipe forte e inovadora. Ao valorizar a diversidade, promover um ambiente inclusivo, oferecer oportunidades de desenvolvimento e reconhecer e recompensar o talento, os empreendedores podem cultivar uma cultura de excelência e alcançar o sucesso a longo prazo.

86

Menos é mais

"Menos é mais" é um princípio que destaca a eficácia da simplicidade e da foco na essência. No contexto empresarial, esse conceito sugere que simplificar processos, produtos ou estratégias pode resultar em maior eficiência, clareza e impacto.

Para os empreendedores, isso pode significar evitar a sobrecarga de informações, simplificar a oferta de produtos ou serviços para atender às necessidades essenciais dos clientes e eliminar elementos desnecessários que possam complicar desnecessariamente os processos de negócios.

Ao adotar uma abordagem "menos é mais", os empreendedores podem concentrar seus recursos limitados em áreas-chave que impulsionam o crescimento e o sucesso do negócio, evitando dispersar esforços em atividades ou iniciativas que não agregam valor significativo.

Além disso, simplificar a comunicação, tanto interna quanto externamente, pode ajudar a evitar confusão e garantir que a mensagem principal seja clara e facilmente compreensível para todas as partes interessadas.

Em resumo, o princípio 'menos é mais" incentiva os empreendedores a priorizarem a qualidade sobre a quantidade, a simplicidade sobre a complexidade e o foco naquilo que realmente importa para alcançar resultados significativos e sustentáveis em seus empreendimentos.

87

"Não" é só o começo de uma conversa

"'Não' é só o começo de uma conversa" é um lembrete importante para os empreendedores sobre a importância da perseverança e da resiliência diante da rejeição ou da adversidade. Esta frase destaca que uma resposta negativa não deve ser o fim de uma tentativa, mas sim o ponto de partida para uma negociação ou busca de alternativas.

Para os empreendedores, essa mentalidade pode ser especialmente valiosa ao lidar com clientes, investidores, parceiros comerciais ou outros stakeholders. Em vez de aceitar um "não" como uma derrota definitiva, os empreendedores podem ver isso como uma oportunidade para explorar outras opções, entender melhor as preocupações da outra parte e continuar buscando soluções.

Uma abordagem proativa diante de um "não" pode incluir pedir feedback para entender as razões por trás da rejeição, adaptar sua proposta ou estratégia com base nesse feedback e continuar buscando outras oportunidades ou parcerias que possam ser mais receptivas.

Além disso, os empreendedores podem aproveitar a oportunidade para construir relacionamentos mais fortes e confiança com as partes interessadas, demonstrando sua determinação, flexibilidade e comprometimento em encontrar soluções mutuamente benéficas.

Em última análise, entender que um "não" não é o fim da linha, mas sim uma nova oportunidade para iniciar uma conversa mais significativa ou explorar novas possibilidades, pode ser fundamental para o sucesso empreendedor a longo prazo. Essa mentalidade resiliente e persistente pode ajudar os empreendedores a superar obstáculos, abrir portas e alcançar seus objetivos, mesmo diante de desafios aparentemente intransponíveis.

88

Se não aguenta o calor, saia da cozinha

"Se não aguenta o calor, saia da cozinha" é uma expressão popular que enfatiza a ideia de que, em situações desafiadoras ou difíceis, apenas aqueles que são capazes de lidar com a pressão e o estresse devem permanecer e enfrentar a situação. Esta frase destaca a importância da resiliência e da capacidade de lidar com adversidades sem se deixar abater.

No contexto empresarial e empreendedor, essa expressão sugere que o ambiente de negócios pode ser competitivo e desafiador, e apenas aqueles que são capazes de lidar com a pressão e as dificuldades podem ter sucesso. Para os empreendedores, isso significa estar preparado para enfrentar os desafios que surgirem no caminho e estar disposto a perseverar, mesmo quando as coisas ficarem difíceis.

Além disso, essa expressão também destaca a importância de reconhecer os próprios limites e estar disposto a buscar ajuda ou fazer mudanças quando necessário. Nem todos são capazes de lidar com situações extremamente estressantes ou desafiadoras, e tudo bem admitir isso e tomar medidas para cuidar de si mesmo e proteger sua saúde mental e emocional.

Em resumo, "se não aguenta o calor, saia da cozinha" é um lembrete para os empreendedores sobre a importância da resiliência e da capacidade de lidar com a pressão e as dificuldades do ambiente empresarial. Ao mesmo tempo, também destaca a importância de reconhecer os próprios limites e estar disposto a buscar ajuda ou fazer mudanças quando necessário para proteger o bem-estar pessoal e o sucesso profissional.

89

Defina seus próprios passos

"Defina seus próprios passos" é um conselho valioso para empreendedores que buscam criar seus próprios caminhos em direção ao sucesso. Esta frase destaca a importância de assumir o controle de sua jornada empreendedora, identificar seus próprios objetivos e estratégias, e seguir um plano que seja autenticamente alinhado com sua visão e valores.

Para os empreendedores, isso significa não se deixar influenciar pelo que os outros consideram como sucesso ou pelo que é tradicionalmente visto como o caminho "certo" para alcançá-lo. Em vez disso, os empreendedores são incentivados a refletir sobre seus próprios valores, paixões e objetivos pessoais e profissionais, e a construir um plano de negócios e uma estratégia de execução que sejam verdadeiramente significativos para eles.

Definir seus próprios passos também envolve ser corajoso o suficiente para seguir em frente, mesmo quando os caminhos parecem incertos ou desafiadores. Isso pode exigir tomar decisões difíceis, assumir riscos calculados e estar preparado para enfrentar contratempos ao longo do caminho.

Além disso, os empreendedores são encorajados a manter uma mente aberta e flexível, estar dispostos a ajustar sua estratégia conforme necessário e aprender com suas experiências, tanto os sucessos quanto os fracassos.

Em resumo, "definir seus próprios passos" é sobre empoderar os empreendedores a serem os arquitetos de seu próprio destino, assumindo a responsabilidade por sua jornada empreendedora, seguindo seus corações e construindo um caminho único e autêntico em direção ao sucesso. Ao fazer isso, os empreendedores podem criar negócios e vidas que são verdadeiramente significativos e gratificantes para eles.

90

Cheque o avião antes de decolar

"Cheque o avião antes de decolar" é uma metáfora poderosa que destaca a importância da preparação, planejamento e avaliação cuidadosa antes de iniciar qualquer empreendimento ou projeto significativo. Assim como um piloto verifica minuciosamente todas as condições e sistemas de uma aeronave antes de decolar, os empreendedores são lembrados da importância de fazer uma análise completa de sua situação e recursos antes de embarcar em uma nova empreitada.

Para os empreendedores isso significa realizar uma análise cuidadosa de mercado, entender as necessidades e preferências dos clientes, avaliar a viabilidade financeira do negócio e identificar os recursos necessários para alcançar os objetivos estabelecidos. Isso também inclui a avaliação das competências da equipe, a identificação de potenciais obstáculos e a elaboração de planos de contingência para lidar com eles.

Além disso, "checar o avião antes de decolar" pode significar estabelecer metas claras e realistas, desenvolver um plano de negócios sólido e criar um cronograma detalhado para guiar o progresso do projeto. Isso ajuda a garantir que os empreendedores estejam preparados para enfrentar os desafios que podem surgir ao longo do caminho e minimizar o risco de falhas catastróficas.

Em resumo, essa metáfora ressalta a importância da diligência, da prudência e da preparação adequada antes de se comprometer totalmente com um empreendimento. Ao fazer o devido diligenciamento e garantir que todos os sistemas estejam funcionando corretamente, os empreendedores aumentam suas chances de sucesso e minimizam os riscos associados ao lançamento de novos negócios ou projetos.

Agradecimentos

Chegamos ao fim desta jornada de inspiração e aprendizado, e espero que as 90 frases e reflexões contidas neste ebook tenham sido fonte de motivação e orientação para você, empreendedor visionário.

Ao longo destas páginas, exploramos os pilares fundamentais do empreendedorismo de uma maneira simples e acessível, buscando simplificar conceitos complexos e oferecer insights valiosos para o seu crescimento pessoal e profissional.

Lembre-se sempre de que o sucesso não é uma linha reta, mas sim uma jornada repleta de altos e baixos. Cada desafio enfrentado é uma oportunidade de crescimento, e cada obstáculo superado o torna mais forte e resiliente.

Agora que você possui esse arsenal de conhecimento e inspiração, encare cada dia com determinação e coragem. Seja flexível diante das adversidades, aprenda com os erros e celebre cada pequena vitória ao longo do caminho.

Acredite no poder dos seus sonhos, na força da sua visão e na resiliência do seu espírito empreendedor. Com dedicação, persistência e um firme compromisso com seus objetivos, não há limites para o que você pode alcançar.

Que este ebook seja apenas o começo de uma jornada extraordinária em direção ao sucesso e à realização dos seus sonhos. Esteja sempre aberto ao aprendizado, mantenha-se fiel à sua paixão e nunca desista de perseguir aquilo em que você acredita.

Obrigado por me acompanhar nesta jornada. Que o seu futuro seja tão brilhante quanto a sua determinação em alcançá-lo.

John Glauber

johngna@gmail.com

https://rjcompany.com.br